Markus Kleinert

Suiziddiskurs bei Jean Améry und Hermann Burger

*Zu Jean Amérys "Hand an sich legen" und
Hermann Burgers "Tractatus logico-suicidalis"*

Markus Kleinert

**SUIZIDDISKURS BEI
JEAN AMÉRY UND HERMANN BURGER**

Zu Jean Amérys "Hand an sich legen" und
Hermann Burgers "Tractatus logico-suicidalis"

ibidem-Verlag
Stuttgart

Die Deutsche Bibliothek - CIP-Einheitsaufnahme:

Ein Titeldatensatz für diese Publikation ist bei
Der Deutschen Bibliothek erhältlich

∞

Gedruckt auf alterungsbeständigem, säurefreien Papier
Printed on acid-free paper

ISBN: 3-89821-002-2

© *ibidem*-Verlag
Stuttgart 2000
Alle Rechte vorbehalten

Das Werk einschließlich aller seiner Teile ist urheberrechtlich geschützt. Jede Verwertung außerhalb der engen Grenzen des Urheberrechtsgesetzes ist ohne Zustimmung des Verlages unzulässig und strafbar. Dies gilt insbesondere für Vervielfältigungen, Übersetzungen, Mikroverfilmungen und elektronische Speicherformen sowie die Einspeicherung und Verarbeitung in elektronischen Systemen.

Printed in Germany

Inhalt

1. Vorbemerkung (zu Thema, Vorgehen und Forschung)	S. 7
2. Jean Amérys Meditationen	S. 13
2.1. Essay als Form	S. 15
2.1.1. Schillern von Unmittelbarkeit und Mitteilung	S. 16
2.1.2. Essaytheorie	S. 25
2.2. „ein 'literarisches', um nicht zu sagen: 'poetisches' Element"	S. 29
2.2.1. Exkurs: Metaphern(theorie)	S. 36
2.3. Intertextualität	S. 47
3. Hermann Burgers „Tractatus logico-suicidalis"	S. 55
3.1. Textsorte - Probleme zur Einstimmung	S. 56
3.2. Spiegelungen	S. 60
3.2.1. Rollen	S. 60
3.2.2. Sprache	S. 70
3.2.3. Selbstauslegung	S. 73
3.3. Intertextuelle Ref/verenz	S. 76
3.3.1. Jean Améry als „Totologe" - ein Fazit	S. 79
3.3.2. Schlagwort 'Therapie'	S. 91
3.4. Reflexe	S. 93
4. Schlußbemerkung	S. 101
5. Literaturverzeichnis	S. 105

> „Es war die große Traurigkeit, daß die Seele stets allein ist."
> Jens Peter Jacobsen, „Niels Lyhne"

1. Vorbemerkung (zu Thema, Vorgehen und Forschung)

Der vorliegende Text[1] hat sein Ziel darin, der je eigenen literarischen Auseinandersetzung mit dem Suizid bei Jean Améry und Hermann Burger nachzuspüren. Dabei soll der im Titel enthaltene Begriff 'Diskurs' - dem etymologischen Ursprung discursus nahe - grundsätzlich das Sich-Ergehen-über-einen-Gegenstand bezeichnen. Die Prominenz der Suizidthematik in den Arbeiten beider Autoren ist unstrittig. Zwei Texte sind jedoch als ausführliche Erörterung, Diskurs, eminent und stehen deshalb im Zentrum der Analyse: Amérys aufsehenerregender Essay „Hand an sich legen. Diskurs über den Freitod"[2] und Burgers „Tractatus logico-suicidalis. Über die Selbsttötung".[3] Die Konstellation gerade dieser Texte ist nicht allein auf Grund des gemeinsamen Sujets, sondern durch intertextuellen Zusammenhang gerechtfertigt: unverhohlen greift Burger in seinem Selbsttötungstraktat die Ausführungen Amérys auf. Hier soll die vorliegende Analyse den heuristischen Wert der Zusammenstellung prüfen, erproben, inwieweit sich die vom Text angeregte Verbindung für das Verstehen fruchtbar machen läßt.

Die *Motivation* der vorgenommenen Untersuchung resultiert aus Interesse an der Anstrengung, das augenscheinlich Unberedbare in den literarischen Texten dennoch zur Sprache zu bringen. Ohne Zweifel gehört der Suizid zu den Vorgaben, die stets zu einer Erkundung der Möglichkeiten von Literatur einladen.[4] Rasch wird jedoch erkennbar, daß es sich bei der Arbeit am Unberedbaren weniger um die sprachliche Behandlung des Todes handelt, *sondern die Grenzen verbaler Kommunikation schlechthin in den ausgewählten Texten verhandelt werden.*

---

[1] Dieser Text wurde als Magisterarbeit im Fach Neuere Deutsche Literatur unter der Betreuung von Prof. Dr. Häntzschel angefertigt und im Wintersemester 1998/99 an der Ludwig-Maximilians-Universität München eingereicht. Für die von Christian Schön freundlicherweise angebotene Veröffentlichung wurde er nur geringfügig verändert und aktualisiert, seine Herkunft aus der akademischen Prüfung bleibt zwangsläufig erkennbar. Die Publikation einer stark gekürzten Fassung - als Aufsatz - befindet sich in Vorbereitung.

[2] Améry (1994*b*). Zu Amérys Diskursbegriff (Untertitel !) s. Kap. 2, S. 14f.

[3] Burger (1988*b*). Die Kennzeichnung 'Traktat' wird der Einfachheit halber übernommen, stellt aber keine Bestimmung der Textsorte dar; s. ausführlicher Kap. 3.1.

[4] Über das künstlerische Ringen mit der Nichtdarstellbarkeit des Todes bietet beispielsweise Hart Nibbrigs originelle „Ästhetik der letzten Dinge" Aufschluß: Hart Nibbrig (1989).

Auf den ersten Blick reagieren die Texte auf eine Situation allgemeiner Verdrängung, die der Historiker Georges Minois am Ende seiner kulturhistorischen Studie zum Selbstmord folgendermaßen charakterisiert:

> In statistischer Hinsicht wissen wir heute alles über den Selbstmord, aber was das Grundproblem angeht, ist man kaum weitergekommen und wird auch nicht weiterkommen, solange stillschweigend die Gewißheit herrscht, daß das Leben um jeden Preis besser ist als der Tod.[5]

Fern von dieser Voraussetzung bemüht sich Améry das Erleben des den Freitod suchenden Menschen zu erkunden, das Verhältnis von Suizid und den Kategorien Humanität, Würde und Freiheit zu erhellen. Seiner Sprachskepsis gemäß bedient sich der Autor zugunsten der Wahrheit von Introspektion und Empathie einer 'poetischen' Sprache. In der Spannung zwischen logischer Sprachkritik und existentieller Bedrängnis wird insbesondere die Metapher unabdingbares Werkzeug der Verständigung. Eine Anmerkung zu einschlägigen Metapherntheorien - hier seien vor allem die Philosophen Black und Macho als Gewährsleute genannt - kann dieses Vorgehen erläutern. Amérys Ausführungen sind in einem Gefüge philosophischer Diskurse und literarischer Texte verortet, sie schreiten innerhalb dieses Netzes durch Verknüpfen der Philosopheme und mittels kommentierender Reaktion auf die Vorlagen voran. Wie schon aus den kurz angedeuteten Merkmalen hervorgeht, verdient Amérys Essayistik durchaus eine ausführliche Analyse. Die Untersuchung richtet sich natürlich auf das Wie des Ausdrucks, ist keineswegs einer Paraphrase des Inhalts gleichzusetzen. Daß es sich um einen (zumindest partiell) expositorischen Text handelt, verbietet ja keine literaturwissenschaftliche Untersuchung der Funktionsweise.

Burgers „Tractatus logico-suicidalis" ähnelt formal der Wittgensteinschen Abhandlung, an welche die Titelgebung erinnert. Doch lohnt es sich, die Form der numerierten Notate näher zu betrachten. Eingedenk der vorangestellten Herausgeberfiktion verdient auch die Verbindung der Autorinstanzen, überhaupt die Figurengestaltung Beachtung - wie forciert auch immer die Identität von (explizit-)fiktivem und historisch-realem Autor nahegelegt wird. Besonders auffallend ist die Intertextualität des Traktats, weitgehend eine Zusammenstellung verschiedenster

---

[5] Minois (1996), S. 472. Eine Randbemerkung: die in der (vermeintlichen) Gefolgschaft des Historikers Ariès zum Gemeinplatz avancierte These von der Verdrängung des Todes in der Moderne ist gerade im ästhetischen Bereich nicht gültig - beispielsweise erscheinen Mitte der siebziger Jahre einer Mode ähnlich neben Amérys Essay zahlreiche Texte zu Tod (und Freitod), s. z. B. Reinisch (1977). Die Behauptung der Verdrängung ist deshalb zu präzisieren: die ästhetische Darstellung des Suizids als eine tatsächlich von Zwängen freie Handlung - mitunter als 'philosophischer Freitod' bezeichnet - scheint offenbar von Tabuisierung betroffen, s. Lembach (1997), S. 211-213.

(kenntlich gemachter und unausgewiesener) Zitate, eine Montage philosophischer und literarischer Exzerpte und psychologischer Erklärungsmuster. Im Unterschied zu dem oben knapp referierten Anliegen Amérys kombiniert der Traktat die intertextuell aufgerufenen Textelemente unermüdlich und übermütig neu - ein bizarres Beispiel: plötzlich gelten Suizid und Kunst als austauschbare Ausdrucksmittel des isolierten Schreibenden -, bis Mitteilungsabsicht und -fähigkeit des Schreibenden fragwürdig werden; darüber hinaus drängt der Text dem Leser fortwährend selbstbezüglich Verständnisansätze auf, beispielsweise Adolf Muschgs bekannte Vorlesung(sbearbeitung) „Literatur als Therapie?".[6] Sicherlich fügt Burger dem literarischen Suiziddiskurs mit seinem Traktat einen eigenwilligen Beitrag hinzu. Eine Untersuchung kann selbstverständlich auch Mängel sichtbar machen - erst nach einer eingehenden Beschäftigung kann etwa die intertextuelle Hypertrophie aus der Bedeutung des Textes heraus erklärt oder als Pastiche involuntaire diffamiert werden.

Ein kurzer Abriß faßt die *Vorgehensweise* zusammen. Im ersten Teil der Analyse wird Amérys Diskurs zunächst unter dem Gesichtspunkt des Essays (respektive des Radioessays) betrachtet. Danach sollen die Kennzeichen der Sprachverwendung erarbeitet werden; an dieser Stelle ist ein Exkurs zur Metapherntheorie und ihrer Anwendbarkeit im Rahmen der vorliegenden Studie eingefügt. Abschließend wird Amérys Umgang mit Intertextualität aufgezeigt. Der zweite Teil kann dann - gleichsam vor erstellter Negativfolie - Burgers Traktat konturieren. Nach Anmerkungen zur Textsorte werden 'Erzähler' und 'Erzählperspektive' untersucht, Funktion und Ergiebigkeit der selbstreferentiellen Deutungen des Textes hinterfragt. Unter dem Aspekt Intertextualität ist natürlich die Anverwandlung des Améryschen Prätextes von besonderem Interesse; daneben soll die erfolgreiche Selbstauslegung als autotherapeutisches Schreiben nicht unkommentiert bleiben. Ferner wird den Spuren des Traktats in anderen (zum Teil bislang unveröffentlichten) Texten Burgers nachgegangen.[7] Eine besondere Stellung nimmt in diesem Zusammenhang „Die Logik eines Selbstmörders. Eine Suizidographie"[8] ein. Dieses unveröffentlichte Fragment entstand während der Niederschrift des Traktats und erlaubt vergleichende

---

[6] Muschg (1981).

[7] Der umfangreiche literarische Nachlaß Hermann Burgers befindet sich heute im Schweizerischen Literaturarchiv (SLA), Bern, und ist weitestgehend einsehbar. Neben Burgers eigenen Texten (Recherchematerial, Skizzen, Fragmente etc.) wird dort auch die diesbezügliche germanistische Forschung ausführlich dokumentiert; vgl. den Überblick über die bisher erfolgte Berücksichtigung des Burgerschen Nachlasses von Kolp, Kolp (1998).

[8] Hermann Burger: „Die Logik eines Selbstmörders. Eine Suizidographie". Unveröffentlicht. Schweizerisches Literaturarchiv (SLA), Bern. Signatur A-06-02.

Ausblicke. Die entsprechenden Spuren können hier allerdings nur knapp vorgestellt werden und sind als Anregung zu verstehen. Eine Schlußbemerkung läßt den Gang der Untersuchung Revue passieren und bündelt die Ergebnisse. Einschränkungen, die dem Umfang der Untersuchung Rechnung tragen, sollen an dieser Stelle erwähnt werden. Die Textauswahl, die Konzentration auf zwei Werke, ermöglicht ein hinreichend detailliertes Vorgehen; selbstverständlich werden daneben Texte der beiden Autoren, die eng mit den behandelten Fragestellungen assoziiert sind, hinzugezogen. Auch wird der Kontext (insbesondere der philosophische Hintergrund), wo unumgänglich, weiter ausgeführt. Ferner sei noch darauf hingewiesen, daß die Beschäftigung mit dem Textmerkmal Intertextualität nicht dem akribischen Aufweisen und Verfolgen aller Spuren gleichkommt; statt bloßer Aufzählung der Quellen, soll die je eigene Verwendung der Vorlagen in den Texten an ausgewählten Beispielen illustriert werden.

Nachdem die Motivation der Themenstellung und die Gliederung der Analyse vorgestellt wurden, beendet ein Überblick über die momentane *Forschungssituation* die Vorbemerkung. Dezidiert den beiden ausgewählten Texten gewidmete Arbeiten liegen nicht vor. Berücksichtigt werden in der folgenden - als Kompilation notgedrungen spröden - Übersicht lediglich die umfangreicheren Arbeiten, zuerst die autor-, dann die (allgemein) themabezogenen Studien. Dagmar Lorenz[9] situiert Amérys Schaffen im Kontext europäischer Kulturkritik. Sie verzichtet auf eine eingehende Analyse der Essays zugunsten des noch weitgehend unveröffentlichten literarischen Frühwerks und des späten Roman-Essays „Lefeu oder Der Abbruch". Daneben bietet sie aber - ausgehend von Überlegungen Adornos und Musils - einen Exkurs zum Essay als Genre und 'existentielle Denkform' der Moderne. Diese Bemerkungen zeichnen gleichsam den Hintergrund, auf dem sich speziellere Améry-Studien, beispielsweise die von Peter Süss,[10] abheben. Petra Fiero[11] nennt (soweit ihre Untersuchung hier einschlägig ist) wesentliche Merkmale von Amérys Sprachgebrauch, beschränkt sich jedoch hinsichtlich des Textes „Hand an sich legen" überwiegend auf (verzerrende) Paraphrase; durch die Betonung der Grenzerfahrungen in Amérys Lebensgang bleiben argumentative Zusammenhänge innerhalb des Diskurses mitunter unberücksichtigt.

Die Dissertation von Monika Großpietsch[12] stellt einen umfassenden Verständnisansatz zu Burgers Schaffen vor, doch erfährt das uns interessierende Spätwerk auf

---

[9] Lorenz (1991); der Exkurs zum Essay ebd. S. 94-125.
[10] Süss (1990) und Süss (1992).
[11] Fiero (1997), zum Suiziddiskurs insb. S. 149-155.
[12] Großpietsch (1994), zum „Tractatus logico-suicidalis" S. 219-228.

Grund der Ausrichtung auf das gesamte Œuvre und die detaillierte biographische Recherche eher kursorische Behandlung. Christian Schöns [13] Studie destilliert in einem allgemeinen Teil die sprachlich-stilistischen Spezifika aus Burgers Texten, schließt aber den Traktat ausdrücklich von den Interpretationen der einzelnen Werke aus; auch sie gesteht der Schriftstellervita hervorragende Bedeutung zu. Die Verbindung von Leben und Werk beschreibt Claudia Storz in ihrem ebenso auf Recherchen wie auf Erinnerung und Einfühlung fußenden Text „Burgers Kindheiten".[14] Ausgehend von zehn 'Urgeschichten' verfolgt sie diese Quasi-Archetypen durch Burgers Lebensweg und Schreiben. Die 'Biographie' ist hier anzuführen, da ihr die bereits genannte unveröffentlichte „Logik eines Selbstmörders" als ein zentraler Anhaltspunkt dient. Einen grundsätzlich neuen Ansatz in der Burger-Forschung wird Marie-Luise Wünsches - dekonstruktivistische - Studie „Grus" vorstellen, allerdings kann diese Arbeit zum jetzigen Zeitpunkt leider erst angekündigt werden.[15]

---

[13] Schön (1997).

[14] Storz (1996).

[15] Marie-Luise Wünsche: „Grus". Das artistische Schreibverfahren Hermann Burgers. Diss. Bonn [1998]. Die Arbeit wird voraussichtlich Ende 1999 publiziert. Marie-Luise Wünsche war so freundlich, dem Verf. bereits ein Exemplar ihrer Dissertation zukommen zu lassen. Ihre Ergebnisse konnten in der vorliegenden Arbeit leider nicht mehr berücksichtigt werden. Da sie aber mit ihrer literaturtheoretisch fundierten Analyse einen neuen Abschnitt der Burger-Forschung einleitet, soll sie schon in diesem Forschungsüberblick die ihr gebührende Anerkennung erfahren. Bestimmt wird die Argumentation dieser Analyse von der grundsätzlichen Hinwendung zur Sprache, der Akt des Sprechens (oder Schreibens) in Burgers Texten ist Untersuchungsgegenstand, die scheinbar selbstverständliche Schöpfung einer fiktiven Welt, deren Geschehnisse dann der weiteren Deutung durch den Interpreten harren, wird prinzipiell hinterfragt. Gerade das Scheitern der Sprache als Organon der Mitteilung oder im Paradoxon der Selbstbegründung werde in Burgers Texten radikal in Szene gesetzt; wenn Burgers Texte folglich als Spiel mit literaturtheoretischen Modellen verstanden werden, bleibt sofort hinzuzufügen, daß auch die dekonstruktive Lesart selbst nicht als unangreifbare Auslegung der Parodie entgeht. Obgleich sich Wünsche in ihren detaillierten Textanalysen vorwiegend der (emphatisch so verstandenen) Briefprosa Burgers widmet, findet natürlich auch der „Tractatus logico-suicidalis" - und die ihn betreffende germanistische Forschung - Berücksichtigung. Neben einer Fülle inspirierter Überlegungen, beispielsweise zum Medium Brief oder den Kriterien der Autobiographie, scheinen zwei Aspekte aus Wünsches Analyse hier besonders erwähnenswert: erstens lassen sich die ungemein zahlreichen Kommentare, mit denen Burger selbst sein literarisches Werk begleitete und die als autorisierte Auslegungen oft privilegiert werden, in Wünsches Konzeption ohne bloße Wiederholung schlüssig einfügen; zweitens zeigt Wünsche, wie der von ihr ausführlich untersuchte literarische Nachlaß Burgers sich als Teil einer 'Werk'-Inszenierung begreifen läßt. Abschließend sei noch bemerkt, daß sich mutatis mutandis zwischen Wünsches Analyse und der in der vorliegenden Arbeit - vergleichsweise tastend - vertretenen Deutung des Burgerschen Textes durchaus Verbindungen ziehen ließen; wo der Anschluß an die dekonstruktive Lesart also besonders deutlich nahelegt, wird nochmals an die gerade vorgestellte Studie erinnert.

Systematische Untersuchungen zum literarischen Suiziddiskurs sind rar. In Hajo Steinerts[16] Arbeit zur L iterarisierung des Todes kann der Suizid als besondere Todesart nur eingeschränkt w erden. Wegweisend ist in diesem Zusammenhang wohl Claudia L embachs Dissertation „Selbstmord Freitod Suizid".[17] Auf der Basis eines modifizierten Foucaultschen Diskursbegriffs[18] untersucht sie das Zusammenspiel der diversen institutiona lisierten (zum Beispiel psy chologischen, juristischen) Aussageformen spezialisierten W issens sowie die Positionen, die die Literatur in diesem Geflecht einnimmt oder einnehmen könnte. Allerdings ist Burger im Korpus der von ihr berücksichtigten Texte nicht vertreten, Améry bleibt marginal. Lembach konstatiert als Forschungsstand, daß sich die bisher veröffentlichten Arbeiten fast ausschließlich m it der D iagnose suizidaler Sy mptome des A utors begnügen oder Motivsuche in einzelnen T exten betreiben.[19] Mit diesem vermutlich auch fürderhin gültigen Fazit kann der skizzenhafte Forschungsbericht schließen.

Im Gegensatz zur dom inierenden Forschungspraxis wird in der vorliegenden Analyse die Autorenbiographie weitgehend ausgeblendet, damit soll auch der Gefahr begegnet werden, sich m it den von A méry wie von Burger eifrig betriebenen Selbstexplikationen zufriedenzugeben. Gemäß der vorgestellten Disposition wird das Augenmerk nun auf Amérys Essay gerichtet.

---

[16] Steinert (1984).
[17] Lembach (1997).
[18] Eine ausführliche B estimmung des zugrundeliegenden Diskursbegriffs ebd. S. 215-221. Die in Lembachs Diskursanalyse bewältigte Materialfülle ist beeindruc kend. Leider kommt es infolg e der Vielzahl untersuchter Tex te zu Fehllektüren - so e rlangt beispielsweise Hildesheimers Marbot als historische Person in ety mologischen und philosophisc hen Argumentationen Gewährsfunktion, s. ebd. S. 8 (Anm. 3), 86 (Anm. 2)!
[19] Ebd. S. 226-228. (Dort findet ma n natürlich auch einen kurz en Kommentar z ur Arbeit Hajo Steinerts, ebd. S. 228.)

2. Jean Amérys Meditationen

Als Sujet ist der Suizid Bestandteil (nah ezu) aller literarischen A rbeiten Amérys. Stellvertretend für die unveröffentlichten Versuche des Jugendlichen sei der Rom an „Die Schiffbrüchigen" genannt, niedergeschrieben in de n Jahren 1934/1935 und nach dem Zweiten Weltkrieg ansatzweise fortgeführt (ein vom Autor selbst besorgter Inhalts-Umriß wurde postum publiziert).[20] Setzt m an die stilistischen Unterschiede beiseite, läßt die Gestaltung des Protagonisten Eugen Althager, der im Duell mittelbar Selbstmord begeht, Parallelen zur spät eren Neinsage Lefeus im gleichnamigen Roman-Essay und zur A rgumentation im Freitodessay erkennen.[21] Gleich einem motivischen Versatzstück taucht der Suizid in den Entwürfen der ersten Nachkriegsjahre, beispielsweise in dem Drama „Die Eingemauerten" oder in „Die Selbstmörder - Vorspann zu einem Film", auf;[22] noch in der letzten von A méry selbst fertiggestellten Veröffentlichung „Charles Bovary, Landarzt" stirbt der ' Held' durch eigenes Tun. Angesichts der beharrlichen Thematisierung mag erstaunen, daß der E ssay „Hand an sich legen" so außergewöhnlich heftig diskutiert wurde. Dank seiner essayistischen Arbeiten in den K reis der öffentlichen D enker avanciert, konnte Améry während der späten sechziger und der siebziger Jahre stets eines (deutschsprachigen) Lesepublikums sicher sein.[23] Die umstrittene Schrift über den Freitod beziehungsweise die durch sie entf achte Kontroverse erfuhr eine besonders starke Aufnahme, fand Niederschlag in der psychologischen Suizidologie,[24] ja selbst in der Dichtung.[25] Dabei reichte die A useinandersetzung vom Vorwurf der gleisne-

---

[20] Der Tex t ist noch unter dem (nur geringfügig verschleiernden) Pseudonym 'Hanns May er' verfaßt; s. den Inhalts-Umriß: Mayer (1988), S. 30-32.

[21] Insb. Heidelberger-Leonard hat in ihren F orschungen auf derartig e Konstanten in Amérys Schaffen aufmerksam gemacht, s. Heidelberger-Leonard (1988c), Heidelberger-Leonard (1988b), v. a. S. 674-676, und Heidelberg er-Leonard (1996), v. a. S. 245f. Vg l. ferner L orenz (1991), S. 58f., und Fiero (1997), S. 141 (Anm. 22), 149-155.

[22] Lorenz (1991), S. 79f., 91.

[23] Allgemeine Informationen zur Rezeption Amérys findet man bei Brandenburg (1990b), speziell zur Aufnahme der Essays über Altern und Freitod ebd. S. 74-77.

[24] Als B eleg z. B. Pohlmeier (1994). Vgl. aber hinsichtlich der stark ma rginalisierenden Berücksichtigung Amérys in der durch Pohlmeier ver körperten Selbstmordverhütung Lembach (1997), S. 53, 56f.

[25] Augenfällige Bezugnahme z. B . in Paul Ke rstens Roman „Absprung" (1979), dessen Titel ja bereits an Améry s erstes Hauptstück g emahnt; s. hierz u Lembach (1997), S. 165-169. Auch Steinert unterstreicht die Wir kung des F reitoddiskurses auf die literarische Intelligenz, Steinert (1984), S. 280 (Anm. 262). Sein Hinweis auf Botho Strauß' Notate „ Paare, Passanten" mag berechtigt sein, doch sc heint dann etwa die Episode Stra uß (1994), S. 11-14, deutlicher beeinflußt als Steinerts Beleg.

rischen Schönfärberei[26] über skeptische Zurückhaltung ob des „geradezu oratorische[n] Aufwand[s]"[27] bis hin zur bedingungslosen Konfession eines Erich Wolfgang Skwara:

> Ich glaube, daß große Kunst - und ihre Aufhebung - so aussieht wie dieser 'Diskurs über den Freitod'. Ich glaube, daß die Meisterschaft solcher Rede ein Sieg über alles ist.[28]

So unterschiedlich die Bewertung in den zitierten Stellungnahmen auch ist, sie belegt die suggestive Kraft des Textes. Die anhaltende Wirkung des Essays ist weniger durch die Thematik, vielmehr durch die Form der Behandlung erklärbar. 'Diskurs über den Freitod' - im Untertitel ist die Tendenz Amérys ja schon in nuce enthalten. Das Lexem 'Freitod' betont im Suizid - im Gegensatz zu den möglichen Synonyma 'Selbstmord', 'Selbsttötung' (oder 'Selbstentleibung') - das Moment freier Entscheidung. Die Berechtigung dieser Wortwahl unterstreicht der Autor gleich zu Beginn des ersten Hauptstücks: „[a]ls Todesart aber ist der Freitod frei noch im Schraubstock der Zwänge [.]"[29] 'Diskurs über den Freitod' - das signalisiert neben dem Suizidverständnis auch die Vorgehensweise, das Sich-Ergehen-über-einen-Gegenstand, der sich als reine Negation (des Todes) schlechthin der Rede entzieht. Im Essay wird die Redesituation unter anschaulicher Hervorhebung der Grenze wie folgt umrissen:

> In kreisender, oder genauer: halbkreisender, sich wiederholender, stets um Präzision bemühter, niemals sie erreichender Rede muß dem Mysterium nachgedacht werden.[30]

Das so programmatisch geforderte Nachdenken kann als Hinweis auf die Form der Meditation aufgefaßt werden. Die Meditation ist - eben in der Übersetzung Nachdenken - mehrfach im Text genannt (übrigens mag auch die Konnotation der

---

[26] So die Kritik Gabriele Wohmanns im Rahmen einer Podiumsdiskussion, Améry (1994a), S. 17, 24-26; vgl. zu Wohmanns Einwänden Fiero (1997), S. 151 (Anm. 38).

[27] Krüger (1978), S. 1286. Krüger gibt - psychologisierend - die Möglichkeit einer narzißtischen Krise des Autors zu bedenken, die sich gerade in dem vehementen, rhetorisch meisterhaften Abstreiten der suizidologischen Narziß-Hypothese offenbart. Vgl. auch Krüger (1976). Die von Krüger hervorgehobene rhetorische Wirkungsmacht des Améryschen Essays läßt sich damit veranschaulichen, daß sich auch eindeutig ablehnende Besprechungen nur schwer von Amérys Begrifflichkeit und Metaphorik zu lösen vermögen, exemplarisch: Baden (1976).

[28] Skwara (1990), S. 433.

[29] Améry (1994b), S. 13, vgl. ebd. S. 106f.; ähnlich Amérys Diskussionsbeitrag in Améry (1994a), S. 17. Aus linguistischer Sicht läßt sich die Wertungsfunktion der Sprache und der Implikationsreichtum der Wörter am Synonymenpaar 'Freitod' - 'Selbstmord' natürlich beispielhaft darstellen, s. Böger (1986) und Friedt/Kolvenbach (1988).

[30] Améry (1994b), S. 35; entsprechend auch die Kennzeichnung als „kreisendes Gespräch über den Tod", ebd. S. 86. Am Ende des Diskurses wird die Kreisvorstellung mit dem Bild des Ringes, der jetzt, am Schluß des Textes abgeschritten sei, aufgenommen, ebd. S. 154. Vgl. auch Améry im Gespräch mit Schultz-Gerstein, Schultz-Gerstein (1979), S. 29.

Vorübung, des Vorstudiums bestehen bleiben).[31] Da Amérys (späte) Buchveröffentlichungen auf Funkprojekte zurückgehen, existieren konzeptuelle Pläne. Auch im Fall des Freitoddiskurses wurde das Exposé, zur Information des Mäzens Funk erstellt, aufbewahrt und postum in der Zeitschrift „Hermannstraße 14" abgedruckt. Im Entwurf ist für den Essay - die Manier des Nachdenkens ankündigend - noch der Untertitel 'Meditationen' vorgesehen.[32] Die Distanz zu einem je nach Kulturtheorie emphatisch aufgeladenen Diskursbegriff wird somit deutlich.[33]

Da sich, wie im folgenden ausgeführt wird, Amérys Anstrengungen wesentlich auf ein Überwinden der der *Mitteilbarkeit* gesetzten Grenzen richten, ist der Grenzbegriff in dieser Arbeit zweifelsohne berechtigt; die Gefahr der gedankenlos benannten 'Grenze zwischen Leben und Tod', unweigerlich mit dem Beiklang des Immer-schon-Überschrittenen versehen und damit billig der Lächerlichkeit preisgegeben, ist damit ausgeräumt. Mit diesen präludierenden Anmerkungen zur Form des Essays.

2.1. Essay als Form

Bedenkt man die Veränderungen in der Geschichte der Essayistik, erregt die andauernde Ermangelung einer verbindlichen Definition *des* Essays kaum Erstaunen. Vielmehr kann als opinio communis gelten, daß sich der zeitgenössische Essay den herkömmlichen Kategorisierungen, nicht zuletzt der strikten Trennung von expositorischen und poetischen Texten, entzieht (am Beispiel der Textsorte Essay wird ja gerade die problematische Selbstverständlichkeit der traditionellen fein säuberlichen Ordnung von Text- und zugehörigen Erkenntnisformen unübersehbar). Anstatt eine abstrakte Bestimmung der Textform, gar einer dem Essay oft zugeschriebenen originären Rationalität zu versuchen, werden erst einmal konkrete Merkmale des Textes vorgestellt. Durch die Anforderungen, die Amérys Projekt stellt, und die Art der Erfüllung läßt sich eine Textstruktur konturieren; davon ausgehend können in einem zweiten Schritt Übereinstimmungen und Abweichungen gegenüber ausgewählten literaturtheoretischen Verortungen des Essays sichtbar werden.

---

[31] Améry (1994*b*), S. 27, 30, 35.
[32] Améry (1978), S. 16. Als Meditationen werden auch die Ausführungen „Über das Altern" bestimmt, an die der Freitoddiskurs anschließt, s. Améry (1997*b*), S 9.
[33] Ergänzend sei hier auf Amérys Kritik am französischen Strukturalismus hingewiesen, ausführlich etwa im sechsten Kapitel der „Unmeisterlichen Wanderjahre" oder dem Aufsatz „Michel Foucault und sein 'Diskurs' der Gegenaufklärung", Améry (1989), S.110-129 bzw. Améry (1985), S. 52-63. Für weitere diesbezügliche Hinweise s. Baier (1988) oder Roviello (1988).

2.1.1. Schillern von Unmittelbarkeit und Mitteilung

Amérys Essay wird beherrscht von einem als unaufhebbar gesetzten Gegensatz und den trotzigen Anstrengungen um ein *Zugleich* der Relata: *sowohl* die suizidale Befindlichkeit des einzelnen Menschen *als auch* der Blick der Gemeinschaft sollen registriert werden. Die Unvereinbarkeit der Positionen ist Amérys Schreibprämisse; im folgenden mahnen die Majuskeln an die emphatische Opposition von Einzelnem und Anderem. (Mit dieser schroffen Gegenüberstellung von Betroffenem und Nicht-Betroffenem ist auch der Ansatzpunkt für grundlegende Kritik am Diskurs gegeben, s. S. 22f.) Zur Illustration eine in Amérys Exposé versuchte Standortbestimmung:

> Ich möchte gleichsam zwischen dem Suizidär und der Welt zu stehen kommen: nicht als ein Vermittler, den es in meinen Augen gar nicht geben kann, vielmehr als einer, der die Grenze zieht zwischen zwei sowohl begrifflich wie nach Befindlichkeitskategorien inkommensurablen und inkompatiblen seelischen Räumen.[34]

Ohne den befremdend vagen phänomenologischen Wortschatz ist der Plan im Vorwort des Diskurses formuliert:

> Ich habe nichts anderes versucht, als den unauflöslichen Widersprüchen der 'condition suicidaire' nachzugehen und von ihnen Zeugnis abzulegen - soweit die Sprache reicht.[35]

Zeugnis ablegen - das verlangt ebenso Kenntnis der suizidalen Befindlichkeit wie deren Mitteilung. Das *Kontrastprinzip* ist Schlüssel zum Textverständnis: permanent werden die opponierenden Standpunkte gegen- und nebeneinander gestellt. Die Sprache soll das Eigenste, das unmittelbar Erlebte, erfassen und bleibt doch auf Übereinkunft beruhendes Zeichensystem, nötigt zu Abstandnahme. Aus diesem Zwiespalt deuten Poetizität und Metaphorik Auswege an. Genauso kann Intertextualität zum Aufbegehren gegen das strenge Scheiden von Ich und Anderem werden, wenn die literarische Imagination quasi im Grenzgebiet angesiedelt wird. Doch das sind Vorausdeutungen auf die folgenden Kapitel, die lediglich die Bedeutung des Ringens um ein Zugleich für die Textkonstitution veranschaulichen. Zudem wird demonstriert, daß sich der skizzierte Verständnisansatz an den Strukturen des Textes ablesen läßt, keineswegs wird die Absicht des Essayisten in blindem Intentionalismus absolut gesetzt oder die erklärte Absicht mit der Einlösung verwechselt.

Ein kursorischer Gang durch die Meditationen zeichnet die Oszillation zwischen subjektiver und intersubjektiver, mitteilbarer Position nach; dabei wird der Handhabbarkeit halber Amérys Begrifflichkeit unkritisch übernommen. Der Diskurs fordert zu Beginn das Übertreten einer Schwelle ein: Ausgangspunkt ist die sogenannte

---

[34] Améry (1978), S. 17.
[35] Améry (1994*b*), S. 11.

Lebenslogik oder Logik des Seins. Die Urerfahrung des Seins liegt dem Lebenstrieb, der Selbst- und Arterhaltung, damit der Wissenschaft, der Therapeutik, dem gesunden Menschenverstand zugrunde. Da die Situation vor dem Absprung, als Bestandteil jedes Suizids ermittelt, den Bruch mit der so selbstverständlich bejahten Lebenslogik bedeutet, muß sich auch der Diskurs jenseits des Vertrauten bewegen. Um die 'condition suicidaire' zu verstehen, verfährt der Essayist phänomenologisch.[36] Die im Vorwort erklärte Distanz zur Phänomeno(-)logie wird offensichtlich konterkariert. Aus der Spannung zwischen subjektiver Erfahrung (ermittelt durch Einfühlung) und intersubjektiver Sicht, dem Blick von außen, lassen sich die häufig paradoxalen Wendungen erklären. So wird beispielsweise Sartres Flaubert-Analyse, die in ähnlicher Weise auf Empathie rekurriert, von seiten nüchterner Objektivität und der Améry-nahen phänomenologischen Position beurteilt: „Was wußte Sartre von Flauberts erstem pseudoepileptischen Anfall? Nichts. Alles."[37] Die schroffe Kontrastierung der Antworten macht den Unterschied der dahinterstehenden methodologischen Auffassungen für den Leser deutlich. Antagonistisch steht auch ein - nach alltagssprachlicher oder logischer Semantik - 'natürlicher' Tod der Befindlichkeit des einzelnen Menschen entgegen, der seinen Tod als 'unnatürliche' Gewalttat erfährt und zur Wahrung seiner Würde unter Umständen auf das Humanum Freitod zurückgreift. Die Beurteilung des eigenen Lebens erfolgt dabei nach anderen Kriterien als dem Maßstab der gesellschaftlich universal geltenden Funktionalität. Doch muß der Diskurs stets beide Positionen berücksichtigen. Die uneingeschränkte gesellschaftliche Vereinnahmung des Einzelnen wird ebenso zurückgewiesen wie die individuelle Ablehnung des Totals der Erfahrung - hier in eindeutiger Absage an die antipsychiatrischen Bewegungen. Der Dualismus subjektiven und intersubjektiven Urteils kann bis in die Wortwahl verfolgt werden, exemplarisch sei die Verwendung des Verdikts 'Narr' vorgestellt: der Essay greift auf Amérys Ausführungen „Über das Altern" zurück, in denen

---

[36] Ebd. S. 10. Diesem Vorbehalt gegenüber der Phänomenologie stehen explizit phänomenologische Ausführungen - ebd. S. 33, 74, 106f., 133 - entgegen. *Die Rückführung phänomenologischer Erkenntnis auf die psychische Verfassung des Untersuchenden - ebd. S. 79f. - kann deshalb als ipsoreflexiver Hinweis auf die eigene Vorgehensweise verstanden werden.* Vgl. hierzu folgende Textpassagen: im Exposé, Améry (1978), S. 16; über die Phänomenologie und die Gefahr unberechtigter Verallgemeinerung des mittels 'Hineinschauen' Gewonnenen die entsprechenden Ausführungen in den „Unmeisterliche[n] Wanderjahre[n]", Améry (1989), S. 116f., 124-128; schließlich Améry gegenüber Schultz-Gerstein, Schultz-Gerstein (1979), S. 30f., 52.

[37] Améry (1994*b*), S. 35. Weitere Beispiele für ein drastisches Paradoxon bietet die wiedergegebene Bewertung des Ehrenkodex in Schnitzlers „Freiwild", ebd. S. 27-29, oder die mit dem Freiheitsversprechen des Suizids einhergehende Verkehrung von Leben und Tod, ebd. S. 154.

Nietzsches Apologie des Freitods al s „Narrengeschichte" abgetan wird.[38] Dieses Urteil wird ausdrücklich revidiert. Vom suizidalen Einzelnen aus erscheinen gerade die therapeutisch m otivierte Lebenslogik als „ Narrenschellen-Geklingel",[39] die selbstherrlich waltenden Psychiater als „Narren",[40] das Leben als „Narrenkleid".[41] Der funktionstüchtigen Gesellschaft gilt dagegen der Selbstmörder als „Narr",[42] der im „Narrenturm"[43] verwahrt werden soll, und vor diesem Urteil ist - hier nimmt der Text eine selbstbezügliche W endung - auch der E ssayist nicht gefeit.[44] Der rasche Perspektivenwechsel illustriert die G egensätzlichkeit des U rteils (und stiftet doch leitmotivische Kohäsion). Aber der A ntagonismus beider Positionen hat auch innerhalb der Person statt: die Opposition tritt in der sogenannten 'Spiegel-Situation' zwischen Ich und Körper auf. Die Abstraktion, der rationale Blick als E ntsprechung zum Blick des Anderen, macht das V egetative zum Objekt, ohne doch auf diese Weise das Haschen nach dem Ich beenden zu können. Später nutzt der E ssayist das veranschaulichte Kontrastprinzip, um die 'Botschaft' zu entschlüsseln, die der Suizidant mit seiner T at an den A nderen als quasi transzendentales O bjekt richtet. Abschließend wird dem an Zuständlichkeit gebundenen Freiheitsbegriff die L ibertät des Freitods - genauer: des Entschlusses dazu - gegenübergestellt.

An den hier (um es nochmals hervorzuheben: unter Enthaltung jeder Kritik) nachgezeichneten Momenten des Diskurses läßt sich seine Tendenz ablesen: ein Appell für Toleranz, das Z ugeständnis einer von de r mehrheitlich gestützten Lebenslogik abweichenden, ihr w idersprechenden Entscheidung - die T oleranz eines „ neue[n] Humanismus".[45] Letztlich führen die Meditati onen von verschiedenen G esichtspunkten ausgehend das G egenüber von subj ektiver und intersubj ektiver Sicht vor Augen - sie enthalten sich in ihrer Rede über den T od aber streng j eder positiven Bestimmung jenseits von Wissen und Erfahrung.

D ie Beachtung individueller E rfahrung wie in der Sozietät gründender Urteile verlangt Spontaneität *und* Reflexion im Diskurs, die in traditionellem Dualismus unterschiedenen anthropologischen V ermögen Emotion und Ratio sind gleichermaßen berechtigt. Als bestimmende Textprinzipien lassen sich *Assoziation* und

---

[38] Ebd. S. 36f., 130. Rückgriff auf Améry (1997*b*), S. 129.
[39] Améry (1994*b*), S. 28.
[40] Ebd. S. 62.
[41] Ebd. S. 60.
[42] Ebd. S. 63.
[43] Ebd. S. 66.
[44] Ebd. S. 137.
[45] Ebd. S. 68. Vg l. die B eschreibung der Denkpos ition dieses 'neuen Humanismus' bei Krüger (1976), S. 667.

Revision ausmachen, die in ihrem Ineinanderwirken den Eindruck rhapsodischen Sprechens hervorbringen.

Die *Assoziation* fügt sachlich-informierende, erzählerische und philosophische Passagen nahtlos zusammen.[46] Der Leser wird mit suizidologischen Theorien (Autoaggression, narzißtische Krise, und anderen) konfrontiert, literarische Vorlagen werden paraphrasiert oder fortgesponnen, philosophische Fragestellungen gleichsam en passant angerissen; neben intertextuell aufgerufenes Bildungsgut tritt der Rückblick auf die Historie, auf persönliche Erlebnisse oder ein Hinweis auf das momentane Zeitgeschehen.

Ein Beispiel: als Gegenstand dient im analysierten Textabschnitt des zweiten Kapitels die allmähliche Bewußtwerdung des Todes.[47] Dazu wird ein von der Psychologie ermittelter terminus post quem aufgegriffen. Die Metapher eines absurden Hausbaus, dessen Fertigstellung mit der Vernichtung des Errichteten in eins fällt, dient vorweg als Modell des anonymen Lebenstüchtigen. Ein ausführlicher epischer Abschnitt zeichnet nun nach dem Muster der Biographie die Lebenssituationen dieses Anonymus nach, in denen sich das Erkennen der eigenen Sterblichkeit vollzieht. Schulerfahrungen, Familienereignisse werden mit sparsamsten Mitteln evoziert - kurz: *individuelles* Erleben. Scheinbar beiläufig wird die Umgebung des Heranwachsenden, etwa die allgemeine Verdrängung der Shoah, erwähnt: „[...] nicht zu reden von Frau Glücksmann aus der Nebengasse, die man vergast hat. Psst. Kein Wort mehr. Ein jeder kommt ja einmal dran, so oder so."[48] Nicht ohne Komik der Kontrast zwischen subjektivem Unbehagen angesichts der vage bewußten eigenen Vergänglichkeit und der lakonischen Behandlung in Schule und Kirche. Doch wird dem Unbehagen, der Reflexion, kaum nachgegeben, schon herrscht wieder die Lebenslogik, jetzt in Gestalt der sexuellen Attraktion. In der Reaktion auf die universitäre Lehre erkennt man unschwer das skizzierte Kontrastprinzip wieder:

> [Der Lehrende:] Sie können, meine Freunde, alle unsterblich sein, es ist dies keine Denkmöglichkeit, so wie prinzipiell morgen vom Feuer Kälte ausgehen kann. Gelächter. Grauen. Es wird zweifellos nicht kälter werden, wenn ich morgen mein Zimmer heize, und wir alle, ich eingeschlossen, werden sterben.[49]

Das triumphierende Lachen dessen, der sich zur Logik emporgeschwungen hat, hält nicht vor, kann die Angst des Individuums vor seinem 'unnatürlichen' Tod nicht bannen. Doch schon wird erneut die Lebenslogik - das Geschlechterverhalten -

---

[46] Vgl. Heißenbüttel (1988), S. 4.
[47] Améry (1994*b*), der untersuchte Textabschnitt ca. S. 46-50.
[48] Ebd. S. 48.
[49] Ebd. S. 49.

aufgerufen, der in der einleitenden Meta pher entworfene Hausbau fortgesetzt. Da erfolgt die Begegnung m it dem Suizid: der Freitod eines Getreidehändlers wird ins Zentrum gerückt, die schemenhafte Biographie einfach abgebrochen. Die Metapher des absurden Hausbaus erscheint mit Bezug auf diese Episode erneut, der Begriff des 'échec' wird (mitsamt Rechtfertigung des Fremdworts) eingeführt. Es folgt die 'Abiturienten-Situation', Prätext „Freund Hein" von Emil Strauß, und so fort.

Die ausgewählte Textpassage belegt das bestim mende Gebot der *(rhetorischen) Induktion*: ein abstrakter Begriff m uß durch anschauliche Beispiele hergeleitet werden, hier vollzieht sich der Sprung zur ästhetischen Behandlung, suggestive Rhetorik statt D iskursivität. Die Ausführung wird der em otiven Rezeption, dem Miterleben zugänglich. Die Induktion verhindert in der Abhandlung dessen, der sich gegen einseitig w issenschaftlichen Sprachgebrauch wendet, den performativen Selbstwiderspruch. Die eingeführten Bilder und (leitmotivischen) Metaphern erhalten dabei ebenso wie die Begriffe durch Wiederholung im neuen Kontext zusätzliche Bedeutungsmerkmale, häufig findet eine Korrektur statt.

Die Meditationen beruhigen sich nicht bei einer Feststellung, jedes Ergebnis wird wiederum angefochten - m it einem Titel Amérys: Revision in Perm anenz.[50] Die Assoziationen stellen im mer neue A nsatzpunkte für das *kritische* Verfahren bereit. Häufig wurde die unerm üdliche Selbstkritik in A mérys Schriften gewürdigt. Schon zu Beginn der siebziger Jahre zollte A lfred Andersch der unbedingten Aufrichtigkeit des Essayisten Lob: „Mit angehaltenem Atem verfolgt der Leser das Bemühen dieses Autors, sich bei L ügen zu ertappen."[51] Von anderer Seite wurde die A méry eigene Dialektik zur gleichen Zeit wie folgt spezifiziert:

> Wenn Dialektik, dann auf die Spitz e getriebene, manchmal fast Rabulistik: ein Zwang, keinen Gesichtspunkt, keinen Einwand ausz ulassen, keinen Z weifel, keine mög liche Gegenfrage zu verschweigen. Dialektik al so nicht nur als Denkmethode, sondern als gelebter - oft schmerzhafter, immer unbequemer Prozess.[52]

Die hier allgem ein gerühmte Anstrengung um Berichtigung und Präzision läßt sich auch im Freitoddiskurs leicht erkennen. So stellt der ge samte Text eine revidierende Fortsetzung der Meditationen „ Über das A ltern" dar. Das grundlegende K ontrastprinzip und die phänomenologische Methode werden beibehalten, Ausführungen zu

---

[50] Améry (1982*d*).

[51] Andersch (1971), S. 690. Der Aufsatz ist der Trias „Jenseits von Schuld und Sühne", „ Über das Altern" und „ Unmeisterliche Wanderjahre" gewidmet, doch lassen sich die Erg ebnisse weitgehend auf spätere Arbeiten übertragen. Als hervorragender Kommentar wird die Bedeutung des Anderschen Versuchs immer wieder betont, z. B. Kesting (1982), S. 174f., Brandenburg (1990*b*), S. 79. Vgl. zum Verhältnis von Améry und Andersch: Heidelberger-Leonard (1981).

[52] Pulver (1972/73), S. 336.

Dasein und Zeitvergehen oder zur Berechtigung bewußt gebrauchter Gleichnisrede bleiben gültig.[53] Die Figur des Zugleich begegnet in dem früheren Text beispielsweise in der Verfassung des alternden Menschen, der sich in von vornherein aussichtsloser Anstrengung um das Verständnis des neuen, fremden Sinnsystems der Epoche bemühen muß, ohne dabei seinem eigenen individuellen Horizont aus Erlebtem und Erinnertem zu entsagen. Wer sich dieser widersprüchlichen Anforderung entzieht, dem bleibt nur das würdelose Nachäffen der Mode, ein im Konsum vorgegaukeltes Jung-Bleiben, oder der Rückzug in ein vermeintlich weltkluges, tatsächlich weltfremdes Altersidyll. Die Haltung der veränderten Umgebung ist ebenso berechtigt wie die des einzelnen Alternden. Das würdige Altern mündet, folgt man den frühen Essays, in einen Zustand zwischen Resignation und Revolte (so der Untertitel). Die Verurteilung des Suizids als närrische Flucht aus dieser Lage wird jetzt, im Freitoddiskurs, zurückgenommen. Trotzdem bleibt die Bewertung vorsichtig: kein plumpes Umschlagen in ein Plädoyer für den Selbstmord, das verträgliche Nebeneinander von 'vécu' und 'sozialem Netz' wird als - vorläufiges - Ergebnis festgehalten. Das Postulat eines Humanismus, der die wechselseitige Toleranz von suizidaler und lebenslogischer Position ermöglicht, wurde schon hervorgehoben. Das Nebeneinander der gegensätzlichen, einander relativierenden Haltungen wird am Schluß der Meditationen vorgetragen:

> Aber recht haben die Überlebenden, denn was sind Würde, Menschlichkeit und Freiheit vor Lächeln, Atmen, Schreiten? Geltung also gegen Recht und Richtig? Würde wider die Voraussetzung jeglichen Würdigseins? Und Menschlichkeit gegen den Menschen als lebendes, lächelndes, atmendes, schreitendes Wesen?[54]

Diese an exponierter Stelle aufgeworfenen Fragen zeichnen ein überaus günstiges Bild menschlichen Lebens. Die Freude, metonymisch das Lächeln, ist gleichberechtigt neben das bloße Dasein (exsistere - schreiten) gestellt. Der anschließende letzte Absatz bittet demgegenüber nochmals um das Anerkennen des abweichenden Einzelnen. Doch auch innerhalb des Freitoddiskurses ist die stete Korrektur augenfällig. Beispielsweise wird die Fragwürdigkeit der zu Beginn behelfsweise eingeführten Terminologie (Suizidär, Suizidant) im Laufe der Meditationen verdeutlicht;[55] der in Auseinandersetzung mit Freuds Spekulation über den Todestrieb gewonnene Begriff 'Todesneigung' wird gegenüber der psychoanalytischen Autoaggressions-Hypothese präzisiert;[56] der eher beiläufig eingeführte Begriff des

---

[53] Vgl. zur Verbindung der Essays über das Altern und über den Freitod: Piel (1977), Schultz-Gerstein (1979), S. 28f.
[54] Améry (1994b), S. 155.
[55] Ebd. S. 14, 87f.
[56] Ebd. S. 80-83, 106f.

Absurden wird erst am Ende der Meditationen explizit gegen das - wohl oft unwillkürlich assoziierte - Konzept von Camus abgesetzt;[57] im Rahmen der Sprachskepsis wird eine zur Illustration verräumlichende Metaphorik als solche gekennzeichnet, die dadurch betonte Mittelbarkeit der Aussage mahnt Vorsicht an, wirkt einschränkend [58]- die Beispiele ließen sich beliebig vermehren.

Gerade die verwendeten Bilder verdienen besondere Beachtung. So greift etwa das letzte Hauptstück auf die im zweiten Kapitel konzipierte 'Abiturienten-Situation' zurück. Die Wiederholung bleibt nicht Mittel struktureller Kohäsion, sondern zeigt sofort einen bemerkenswerten Zusatz. Zuerst wurde die Situation durch folgende Beschreibung, die Bedrohung in paratraktischen Imperativen abbildend, entworfen:

> Mündliche Prüfung. Da gibt es kein Ausweichen hier, kein Erbarmen dort. Übersetzen Sie gefälligst. Interpretieren Sie diese Hölderlin-Zeile. Lösen Sie die Gleichung. Wer kann, der kann. Wer nicht kann, fällt durch - ins Bodenlose.[59]

Die Prüfungssituation taucht nach umfangreichen Ausführungen wieder auf. Die dem Entschluß zum Freitod zugesprochene Libertät erlaubt nun auch die rebellierende Stimme des Einzelnen, hier als provozierende (rhetorische) Frage dem auffordernden Satzmodus entgegengestellt.

> Übersetzen Sie diese Horaz-Stelle. Lösen Sie die Gleichung. Interpretieren Sie die vorliegende Hölderlin-Zeile. Aber mein bester Herr Studienrat, ich denke gar nicht daran! Ich pfeife auf Horaz und Hölderlin und sämtliche Gleichungen. Was wollen Sie von mir? Ich werde durchfallen: und was weiter? Vielleicht werde ich mich im morgendlichen Frost erschießen, wie Heinrich Lindner.[60]

Die Modifikation vergegenwärtigt dem Leser den Suizid als befreiende Antwort auf den drohenden 'échec'. (Bezeichnenderweise wird die aufbegehrende Erwiderung mit einer Reminiszenz an Strauß' Schülerroman verbunden; den Funktionen der intertextuell aufgerufenen Dichtung wird an späterer Stelle ausführlich nachgegangen, vgl. S. 51-53.) Im Text folgen danach verschiedene Möglichkeiten einer konkreten Neinsage. Die Anerkennung der abweichenden Minderheit bleibt gemeinsame Forderung.

Der polemischen Kritik an den sich als nobilitierter Weg der Wahrheitsfindung empfehlenden wissenschaftlichen Systemen oder religiösen Weltbildern entspricht die Selbstkritik des Essayisten. Sie betrifft nicht allein seine inhaltliche Tendenz -

---

[57] Ebd. S. 39, 145f.

[58] Ebd. S. 131. Zum Umgang mit Metaphern vgl. das Kap. 2.2.1, v. a. S. 40-45.

[59] Améry (1994b), S. 51.

[60] Ebd. S. 135f.; vgl. auch die Parallele ebd. S. 78: „[...] jetzt ist der Tod als Selbsttötung die Frage, vor der als Abiturient des Seins und Nichtseins ein Mensch sich zu bewähren hat.", fortgesetzt S. 79.

die Ausrichtung auf einen möglicherweise illusionären Humanismus -,[61] sondern ebenso die Verortung des Diskurses: mehrmals wird zu bedenken gegeben, ob die Meditationen nicht einseitig der Innensicht verpflichtet sind und also nur dem suizidär verfaßten Leser zugänglich.[62] Nun wurde die angestrebte oszillierende Darstellung bereits aufgezeigt. Abverlangt wird dem Leser mindestens, die Gültigkeit der so vertrauten Lebenslogik während des Mitvollziehens der Meditationen einzuschränken. Von der fundierten Kritik am Diskurs wurde gerade in diesem Zusammenhang Einseitigkeit beklagt. Der Essayist beziehe die Position des Außenseiters und erlebe so die Ohnmacht des Subjekts gegenüber der Gesellschaft, die sich kurzerhand in die selbstgefällige Macht des Subjektivismus verkehren läßt: dann wird die Freiheit ausschließlich *gegen* den Anderen erfahren, Humanität *innerhalb* der Gemeinschaft/Gesellschaft und Kommunikativität werden aufgegeben.[63]

Mit der Oszillation zwischen unmittelbarer Befindlichkeit und deren versuchter Vermittlung, freier Assoziation und (selbst)kritischem Prüfen sind wesentliche Merkmale des Essays erfaßt. Gemeinsamkeiten mit *rhapsodischem* Sprechen sind erkennbar: die oft fragmenthaft belassenen Bilder erscheinen als Ergebnis von plötzlicher Assoziation und Improvisation. Auf diese Weise soll das Unmittelbare, Subjektive zum Ausdruck gelangen, unentstellt durch die Ordnungszwänge der Ratio. Die suggerierte Leidenschaftlichkeit des Rhapsoden ist Appell an den Leser, die Empfindung mitzuerleben und so zur Erkenntnis zu gelangen. Der rhapsodischen Dynamik ist im Freitoddiskurs allerdings die beharrlich kritisierende Selbstanfechtung beigesellt. Das Ineinander der lebhaften Vergegenwärtigung von Literatur und Geschichte, Feststellung, Frage und unter Vorbehalt gegebener Antwort verleiht dem Diskurs das Aussehen eines Gesprächs (oder Selbstgesprächs). Die Verbindung der verschiedenen 'Sprechakte' bewirkt - statt nüchterner Abhandlung - lebhaftes Entfalten in Rede und Widerrede.[64]

---

[61] Ebd. S. 102.

[62] Ebd. S. 27, 107, 134. Vgl. Améry in Schultz-Gerstein (1979), S. 46f.

[63] Prägnant brachte Piel diesen Einwand vor, Piel (1977). Ähnlich sieht Kunert die besondere historische Einbindung des schreibenden Subjekts vernachlässigt, er erklärt dessen Einstellung dann zum Symptom eines globalen Ungleichgewichts, Kunert (1992); eine vergleichbare endzeitliche Ausweitung hat Kunert auch mit den Essays „Über das Altern" vorgenommen, Kunert (1988). S. ferner Reinisch, der an den in Amérys Text aufgeführten Fallstudien die gesellschaftliche Einbindung vermißt, Reinisch (1977), S. 89. Aus der mitunter einseitig en Betonung des abweichenden Subjekts spricht natürlich die trotzige Auflehnung gegen das als mehrheitliches scheinbar auch unumstößliche Verdikt über den Suizid, vgl. Améry in Schultz-Gerstein (1979), S. 46f.

[64] Austin würde die rhapsodischen Passagen des untersuchten Essays zum unernsten Gebrauch der Sprache (sogenannte 'Auszehrung') rechnen, der eine Zuteilung des Sprechakts zu den verschie-

Müßig ist die Frage, inwieweit es sich bei dem Freitoddiskurs um einen *autobiographischen* Essay handelt. Ohne der fragl os schwierigen Bestimmung von autobiographischem Schreiben nachgehen zu können, sei hierzu nur rasch angemerkt: zur eigenen E rmächtigung des Schreibenden w ird im Essay auf die individuelle Erfahrung verwiesen, die Methode der Introspektion und Empathie wird ausdrücklich genannt.[65] Wenn also im Text Fragmente der Lebensgeschichte zu erkennen sind, man erinnere beispielsw eise die Bezugnahm e auf A mérys Haft in Konzentrationslagern oder seinen gescheiterten Selbstm ordversuch, bleibt er der eigens vorgestellten V orgehensweise treu. Die biographischen Mom ente sind Grundlage der Innensicht, die für das K ontrastprinzip vonnöten ist. Doch kann innerhalb der lebensgeschichtlichen Info rmationen die Bedeutung der L ektüre kaum überschätzt werden,[66] so daß allein schon durch di e Bewertung der Leseerfahrungen ein Biographieverständnis entsteht, aus dem die (womöglich selbstherrliche) Erinnerung bloß persönlicher Erfahrungen ausscheidet und die T rennung von Lebens- und Zeitgeschichte unmöglich wird. Peter Süss hat die V erbindung von subj ektivem Moment und dessen E inbindung in abstrahier endes Nachdenken, die Reflexion auf Zurückliegendes, anhand A mérys methodologischem Schlüsselwort 'vécu' aufgezeigt:

> Das französische Wort 'vécu' bringt das Begriffspaar Subjektivität/Negativität auf eine gemeinsame Ebene: Es bedeut et einerseits das subjektiv 'Erlebte' - die Grundlage für Amérys Schreiben -, drückt ab er andererseits in der Form des Partizips Perfekt aus, daß das Leben eigentlich bereits vorbei und abgeschlossen - 'gelebt' - ist.[67]

Die Selbstaussage des Essayisten ist stets Ausgangspunkt des Nachdenkens, wird der Läuterung durch Reflexion ausgesetzt.[68] Darüber hinaus rechtfertigen rezipientenbezogene Überlegungen das be sonders deutlich am historisch-realen schreibenden Subjekt ansetzende Vorgehen, da der Leser begrifflich nicht oder nur schw er

---

denen illokutionären Rolle n erschwert. Auf wei tere Klassifizierungen wurde i n der Anal yse folglich verzichtet. S. Austin (1994), S. 43f., 121.

[65] Améry (1994*b*), S. 10, 35.

[66] In der Projekt g ebliebenen Novelle „Rendezvous in Oudenaard e" wird das Eindring liche der Lektüreerfahrung gegenüber allen anderen Geschehnissen auffällig forciert, Améry (1982*c*).

[67] Süss (1990), S. 4.

[68] Vgl. Améry (1982*d*), S. 1; Améry zu Schultz-Gerstein (1979), S. 30f. I n der Sekundärliteratur wird Amérys emphatisches Verständnis von Au tobiographie, demgemäß die subjektiven Momente allein Anknüpfung smöglichkeit der Reflex ion sind, wi ederholt vorgestellt. Die Ausführungen beinhalten allerdings keine wese ntliche Erweiterung dieser von Améry selbst vorgenommenen Kennzeichnung, vgl. Pulver (1972/73), S. 333; F röhlich (1978), S. 35; Krüg er (1978), S. 1285f.; Heidelberg er-Leonard (1996), S. 236f. Ausführlichere Informationen zu Amérys autobiographischer Essayistik bieten die Arbeiten von Peter Süss, ne ben dem bereits zitierten Aufsatz Süss (1990) auch die Interpretationen in Süss (1992).

vermittelbare Befindlichkeiten spontan miterleben, die Empathie des Rezipienten Kommunikationshindernisse überwinden soll. Améry erklärt in einer ähnlichen Schreibsituation (das unmittelbare Empfinden hier als ' totale Subjektivität' bezeichnend):

> Und so schreibe ich denn, was subjektive Erfahrung mir zuträgt, [...] ahnend, daß die totale Subjektivität nur von einer anderen ebenso totalen angeredet werden kann, soll sie sich erkennen.[69]

Nach der vorgenommenen Analyse läßt sich eine Verbindung zur Theorie des Essays herstellen.

2.1.2. Essaytheorie

Auffällige Übereinstimmungen zeigen sich mit Adornos klassischen Ausführungen im Aufsatz „Der Essay als Form" (entstanden zwischen 1954 und 1958).[70] Adornos Überlegungen wurden in der Forschung wiederholt als Verständnisansatz an Amérys Texte herangetragen, auf die Ergebnisse wird gleich noch eingegangen. Generell sei bei dieser Bezugnahme Vorsicht angeraten: einerseits ist die historische Situation zu vergegenwärtigen, in der Adornos Text entsteht, andererseits der philosophische Entwurf, in den er eingebettet ist. Adornos Aufsatz reagiert innerhalb eines geistesgeschichtlichen Kontexts, in dem - um nur einige der Beziehungen anzusprechen - die positivistische Philosophie, die Poetik von Lukács und Heideggers Existenzphilosophie wesentliche Orientierungspunkte liefern, so daß sich bei Adorno polemische Spitzen gegen diese 'konkurrierenden' Ansätze finden, am nachdrücklichsten wohl der Eifer gegen den 'Jargon der Eigentlichkeit'. Während die historische Verortung, erst einmal zur Kenntnis genommen, die Übertragbarkeit der Ausführungen nicht ausschließt, verhält es sich mit der Verankerung in Adornos Philosophie weit schwieriger. Keinesfalls darf der philosophische Zusammenhang dem untersuchten Essay einfach oktroyiert werden.

Améry selbst hat mehrfach seine Abneigung gegen die Kritische Theorie - pointiert gegen „Sankt Adorno" -[71] geäußert, die er einer ins Leere abstrahierenden Begriff-

---

[69] Améry (1977), S. 111.
[70] Adorno (1994b), S. 9-33. Vgl. zu diesem programmatisch wichtigen Text Adornos auch die entsprechenden Passagen in der jüngst erschienen „Geschichte des Essays" von Christian Schärf, Schärf (1999), S. 272-276, insb. S. 274-276.
[71] Améry (1989), S. 42. Die „Unmeisterliche[n] Wanderjahre" enthalten - innerhalb des Kapitels „Expeditionen jenseits des Rheins" - eine ausführliche Auseinandersetzung mit der Neuen Linken, ebd. S. 98-105. Ferner sind Amérys Aufsätze „Jargon der Dialektik" und „ Aufklärung als philosophia perennis" einschlägig, Améry (1971), S. 53-78, bzw. Améry (1982e), S. 248-257. Vgl. einleitend Andersch (1971), S. 697f., und Roviello (1988).

lichkeit und einer (pejorativ:) spekulativen Geschichtsphilosophie bezichtigt. Dadurch erlaube es die Neue Linke, verkommen zur akademischen Modeerscheinung, die Augen vor der konkreten Historie zu verschließen. Grundlegende Informationen hierzu findet man bei Detlev Claussen, der die Konstellation Améry - Adorno anhand der Begriffe Dialektik und Aufklärung skizziert, selbst allerdings mit seiner Polemik gegen eine 'Kultur des Identitätszwanges' befremdend unmittelbar Adorno verpflichtet bleibt.[72] Gerhard Amanshauser verfolgt das Wechselspiel von Dialektik und Positivismus in Amérys Denken, wobei vor allem der Hinweis auf die von Topitsch vorgebrachte Kritik der Dialektik als bloß intentionales Denken hilfreich ist. Für Améry seien, folgt man Amanshausers Ausführungen, der dialektische 'Sartrism' und die positivistische Logik wechselseitiges Korrektiv.[73]

Doch nach diesen Bedenken nun die prekäre Bezugnahme auf Adorno. Für Adorno ist die essayistische Form ein Katalysator der sogenannten zweiten Reflexion: angesiedelt zwischen Kunst und Wissenschaft eignet dem Essay ästhetische Selbständigkeit ebenso wie begriffliche Arbeit - das heißt, mit dem Essay wird das Denken seiner selbst inne. Die Gewalt, die ein bloß subsumierendes und instrumentales Begriffsdenken dem je Besonderen, Nichtidentischen antut, wird verhindert, ohne daß auf Begriffe einfach verzichtet würde. Statt naiv eine plumpe Regression zu fordern, soll das Denken eine Korrektur seiner selbst vornehmen. Vor diesem epistemologischen Hintergrund erscheint der Essay als Kritik an Methode, System, kurz: logischer Diskursivität. So nimmt sich der Denkende zurück zugunsten einer koordinierenden Zusammenstellung der Begriffe samt Assoziation und Mehrdeutigkeit, einer „teppichhaft[en]"[74] Verflechtung: „[e]igentlich denkt der Denkende gar nicht, sondern macht sich zum Schauplatz geistiger Erfahrung, ohne sie aufzudröseln."[75] Das so metaphernreich postulierte 'Denken in Brüchen' leistet mit dem Verzicht auf unumstößlich definierte Begriffe Sprachkritik. Angesichts der erkannten Unmöglichkeit einer begrifflichen Darstellung des Nichtidentischen nimmt der Essayist ein vorgefundenes Moment der Umwelt auf, um (provoziert von eingestandener Unwissenheit) den dialektischen Prozeß in Gang zu setzen. Doch bleibt der Fortgang ohne endgültiges Ziel, die Kritik an Vereinnahmung bedeutet ein permanentes Bemühen, eine Anstrengung um das Nichtidentische. Die Fügung

---

[72] Claussen (1996).
[73] Amanshauser (1996).
[74] Adorno (1994b), S. 21.
[75] Ebd. Hinter der unscheinbaren 'geistigen Erfahrung' verbirgt sich das Eschaton der Adornoschen Philosophie, die Hoffnung auf eine 'vernehmende Vernunft'!

„musikalische Logik"[76] kennzeichnet sowohl die Abweichung von streng logischem Vorgehen als auch die gewahrte Diskursivität, da der Gehalt des Essays durchaus dem Kriterium der Stimmigkeit genügen muß. Soweit Adorno. Doch bei aller Vereinfachung und Raffung wird sichtbar, daß nur herausgelöste einzelne Bestimmungen auf Amérys Diskurs zutreffen. Natürlich mißtraut Amérys Essay einseitig begrifflichen Urteilen der Wissenschaft, läßt statt dessen Spontaneität und Assoziation zu. Jede Feststellung dient als Anlaß zu (freilich noch genauer zu bestimmender) dialektischer Kritik, kein Ergebnis erstarrt als unumstößliches. Die Verflechtung von rhapsodischem Gestus und begrifflicher Kritik wurde aufgezeigt. Aber all die Entsprechungen können nicht über eine unterschiedliche Motivation hinwegtäuschen. Adornos verfallsgeschichtliche Vorstellungen, die der Rede von der 'zweiten Natur' zugrunde liegen, treffen mitnichten für Amérys Text zu. Dort wird die unmittelbare Befindlichkeit dem intersubjektiven Urteil entgegengehalten, ohne die basale Trennung geschichtsphilosophisch zu begründen. Fehler der wissenschaftlichen Begriffsidolatrie sollen durch die Introspektion verhindert werden, ein eigenständiger Sprachgebrauch mag das - wenn es denn sein muß: nichtidentische - 'vécu' zumindest andeutungsweise vermitteln. Innerhalb der Forschungsliteratur bemüht sich Dagmar Lorenz, Adornosche Überlegungen für das Verstehen der Essayistik Amérys fruchtbar zu machen (mit Hinweis auf grundsätzliche Unterschiede).[77] Die in Adornos Aufsatz entwickelte Beschreibung des Essays als 'antisystematische Denkform' läßt sich, bleibt man der prinzipiell problematischen Bezugnahme gewahr, durchaus auf die Texte „Lefeu", „Über das Altern" oder „Revision in Permanenz" anwenden. Als heuristischer Anstoß ist Adornos Aufsatz sicher hilfreich. Zweifel können hinsichtlich der Isolierung einiger weniger Aussagen aus dem kontextuellen Aufsatz oder gar aus der gesamten Philosophie Adornos angemeldet werden, da Lorenz' zentraler Begriff der Antisystematik seine Brisanz ja erst aus den weit ausgreifenden epistemologischen Hintergrundannahmen schöpft. Ferner sei noch eine Interpretation von René Weiland erwähnt;[78] er geht - mit Sebald[79] - von der essayistischen Untersuchung als 'offener' Form aus, die Améry eine problematische Selbstbehauptung ohne die Gewißheit einer sicheren Identität ermögliche. Um diese unsichere Position des Schreibenden zu erhellen,

---

[76] Ebd. S. 31.
[77] Lorenz (1991), S. 94-125; s. speziell zu Adornos Aufsatz ebd. S. 98-100, und die Belege innerhalb der einzelnen Textanalysen ebd. S. 104 (Anm. 48), 109f., 117 (Anm. 101), 122, 153, als Fazit ebd. S. 192-195. Uneingeschränkt gebilligt und übernommen wird Lorenz' Ansatz von Heidelberger-Leonard (1996), S. 236.
[78] Weiland (1988).

bedient sich Weiland einer auf Adorno fußenden 'essayistischen Erfahrung', führt aber auch die Differenzen im Geschichtsverständnis beider Denker aus.

Ein Seitenblick auf Max Benses „Über den Essay und seine Prosa"[80] - worauf auch Adorno verweist - zeigt einen vergleichbaren Befund. Bense siedelt den Essay im Confinium von Poesie und Prosa an; die essayistische Form ist Experiment (essai) und Kritik, indem ein Gegenstand in 'literarische Konfigurationen' (eine literarische ars combinatoria) gerückt wird. Damit scheint Bense eine Hilfe zur Textanalyse bereitzustellen. Vernachlässigt wird dann jedoch, daß man, will man der Vagheit der 'literarischen Konfiguration' entgehen, auch Benses kurzerhand vorgenommenen essentialistischen Bestimmungen von Poesie und Prosa zustimmen muß.

Festzuhalten bleibt, daß die Heranziehung der ausgewählten philosophischen (oder poetologischen) Theorie des Essays dem untersuchten Text nur mit Einschränkungen gerecht wird. Bietet das Konzept auch ein scheinbar zutreffendes Beschreibungsinstrumentarium, bleibt doch die Isolation einzelner Bestimmungen aus dem philosophischen (oder poetologischen) Kontext fragwürdig.

Mit einem Blick auf den Freitoddiskurs als *Radioessay* soll dieses Kapitel schließen.[81] Der einheitliche Umfang der einzelnen Kapitel, offensichtlich dem Funk geschuldet, wurde von Améry eher als herausfordernde, denn als gängelnde Vorgabe bewertet.[82] Ansonsten eignen sich die dynamisierende Assoziation, die dialogische Struktur der Selbstanfechtung in Rede und Gegenrede durchaus für eine auditive Rezeption, ohne daß ein unleugbar vorhandener aufklärerischer Impetus (Toleranzgebot) an eine plakative Agitation verraten würde. Statt plumper Einflußnahme wird das Abwägen und Geltenlassen verschiedener Einstellungen verlangt.[83] Während der Aufmerksamkeit des Hörers durch die Lebhaftigkeit rhapsodischen Sprechens zugearbeitet wird, stehen die hypotaktische Syntax und die fachbezogene oder gelegentlich ungewöhnliche Lexemik der raschen Aufnahme entgegen. Doch müssen auch die Momente berücksichtigt werden, die ein Verstehen erleichtern

---

[79] Sebald (1988).

[80] Bense (1947).

[81] Die fünf Folgen des Diskurses wurden zwischen dem 26. 4. und dem 28. 6. 1976 von Helmut Heißenbüttel im Süddeutschen Rundfunk gesendet. Die Aufnahmen befinden sich heute im Archiv des Südwestrundfunks (Prof. Dr. Scharlau) und sind dort erhältlich. Da der Essay vom Autor selbst gelesen wird, gewinnt der Text natürlich zusätzliche Bedeutungsnuancen; vgl. Krüger (1964), S. 101f. Die allgemeinen Ausführungen zum Radioessay in der Untersuchung von Lorenz bleiben auch für den hier analysierten Text gültig, vgl. also Lorenz (1991), S. 110f.

[82] So Améry im gleichsam poetologischen Schlußkapitel des „Lefeu", Améry (1982*b*), S. 175-177.

[83] Vgl. Krügers Versuch über den Radioessay, der die publizistisch zweckgerichtete Funktion unterstreicht. Doch gesteht auch Krüger Ausnahmen zu, die - obgleich für den Funk erstellt - der Qualität nach dem traditionellen literarischen Essay gleichkommen, Krüger (1964), S. 109f.

können: häufig werden philosophische oder psychologische Theorien didaktisch knapp vorgestellt, ehe eine Kritik ebendieser Ansätze erfolgt.[84] Bisweilen erklärt der Essayist den Aufbau der Meditationen, rechtfertigt Digressionen, wendet sich in direkter Apostrophe eindringlich an den Hörer.[85] Die Funktion der verschiedenen Wiederholungsfiguren ist am bivalent; so können Vor- und Rückverweise, die Verklammerung von Anfangs- und Schlußkapitel, die Aufnahme und Erklärung des Textmottos, leitmotivische Wendungen und Bilder die Einprägsamkeit fördern.[86] Prägnant faßt ein Rollen-Ich des Essayisten schließlich die Erkenntnis über den Suizid in einem einzigen Satz zusammen, der gegenüber Vertretern der ein sicheres Wissen vorgebenden Sinnsysteme vorgebracht wird.[87] Doch läßt sich von der Funktion memoria die argumentative Arbeit mittels Wiederholung nicht trennen, die gerade durch (oft geringfügige) Veränderungen der eingeführten Begriffe und Bilder geleistet wird. Hier sei an die exemplarisch analysierte 'Abiturienten-Situation' erinnert, die durch Zusatz einer verweigernden Stimme die gesamte Erörterung abbildet.

Die erarbeiteten Prinzipien der Textkonstitution lassen sich auch in der sprachlichen Gestaltung ausmachen, der das nächste Kapitel gewidmet ist.

2.2. „ein 'literarisches', um nicht zu sagen: 'poetisches' Element"

Mit der bislang herausgearbeiteten zwiefachen Grenzziehung läßt sich die essayistische Sprache erklären: berücksichtigt werden muß einerseits die Grenze zwischen eigenem Erleben und Mitteilbarkeit, andererseits die Grenze zwischen Leben und unausdenkbarem Tod. So soll die Sprache die Befindlichkeit des Einzelnen zumindest andeutend vermitteln, ohne - jenseits von Erkenntnis und Erfahrung - unbedachte Bestimmungen des Todes vorzunehmen.

---

[84] Améry (1994b), z. B. die Erklärung der psychoanalytischen Autoaggressions-Hypothese, gegen die später die 'Todesneigung' abgegrenzt wird, S. 105f.
[85] Ebd. z. B. S. 26, 35, 101, 135.
[86] Ebd. Querverweise oder Klammern z. B. S. 32/100-103, 71/43, 134/72; die Aufnahme des Wittgenstein-Mottos S. 115f., 126; als aufdringliches Leitmotiv zieht sich beispielsweise die Titelwendung 'Hand an sich legen' durch das dritte Kapitel, die Metaphorik der aufeinander zu rückenden Wände wird u. a. auf S. 15f., 17, 20, 24 wiederholt.
[87] Ebd. S. 152: „Der Kontrahent, wenn er sagt, es sei das Leben als Leben-zum-Tode absurd, es erwecke Ekel in seiner Lügen-Opazität, die Todesneigung sei die einzige Haltung, die der Seinslast gemäß sei, und der Gott des Anderen sei vorstellbar nur als Demiurg, und der Freitod als Entschluß und Akt, wenn auch nicht als Ergebnis, sei Antwort auf alle unlösbaren Fragen, die gestellt werden dürfen auch ohne Hoffnung auf Antwort - er ist in besserer Position als der Mann Gottes und des Absoluten."

Ob die Sprache überhaupt imstande sei, diese Anforderungen zu erfüllen, wird im Text wiederholt bezweifelt - festgehalten wird aber eindringlich die Nötigung zur Rede. Die Sprache ist als 'soziales Netz' Vermittlerin des Realitätsprinzips, dem der Essayist verbunden bleiben muß, andernfalls droht gleichsam solipsistischer Wahn. Zudem wird die Sprache als Modell des Denkens und Handelns schlechthin verstanden. Das Nachdenken als verbaler Akt, quasi Gespräch, wird beispielsweise in der folgenden zentralen Passage deutlich:

> Wer auf die Schwelle des Freitodes tritt, führt wie niemals zuvor mit seinem Körper, seinem Kopf, seinem Ich den großen Dialog.[88]

Der Freitod selbst wird als Widerspruch, als Gegenrede wider die jeder Sprache zugrundeliegende Lebenslogik verstanden.

Doch stärker als die explizite Problematisierung interessiert, wie sich die Sprachskepsis in der gewählten sprachlichen Form niederschlägt, welche kritischen Verfahrensweisen im Text erkennbar sind. Im Entwurf zum Diskurs wird die Poetizität als Hilfsmittel in der prekären Redesituation erwogen:

> Und doch erscheint es mir als unvermeidlich, daß ich da und dort den Grenzübertritt vollziehe aus der Region stringenten Denkens in diejenige, wo die Sprache und ihre Metaphorik allein die Befindlichkeit transparent machen, wo also ein 'literarisches', um nicht zu sagen: 'poetisches' Element einfließen muß, sollen Zustände beschrieben werden. [...] An vielen Stellen, wo der paradoxe Versuch unternommen wird, das Undenkbare auszudenken, muß eine sowohl über den Alltagsverstand und dessen Ausdrucksformen wie über die im positivistischen Verstande 'sinnvolle Sprache' hinweg ein neuer, die 'geschlossene Welt des Selbstmörders' aufschließender sprachlicher Weg gefunden werden [Anakoluth im Original, d. Verf.].[89]

Die zurückhaltend (in Anführungszeichen) erwogene Poetizität läßt sich erklärend als - etwa in strukturalistischer Theoriebildung begrifflich so erfaßte - poetische Funktion der Sprache paraphrasieren: schlicht, das Wie des Ausdrucks ist irreduzibler Teil der Aussage. Da im Zitat auch die zwei Grenzsituationen benannt werden, ist die Gefährdung des Essays unübersehbar. Wo die Befindlichkeit des Einzelnen angesichts des Freitods erörtert werden soll, ist das Mißverstehen von Aussagen individuellen Erlebens als allgemein verbindliche Aussagen (über den Tod) naheliegend.

Doch zur Sprachverwendung im Diskurs. Der Essayist gibt sich selbst in der Idiolektisierung des Geläufigen zu erkennen; seine besondere Sprachverwendung ist mit den traditionellen rhetorischen Mitteln beschreibbar.[90] Die Analyse bewegt sich

---

[88] Ebd. S. 74.

[89] Améry (1978), S. 17f.

[90] Mit dem Begriff der Idiolektisierung soll keine zwangsläufige Ästhetisierung des Gegenstandes einhergehen. Zu Amérys bewußt anachronistischer Erarbeitung des Deutschen im Exil s.

als Antiklimax auf immer kleinere grammatische Kategorien zu; der Metapher, die einige Vorüberlegungen erforderlich macht, wird dann ein eigenes Kapitel eingeräumt. Zunächst ist grundsätzlich das Nebeneinander verschiedener Sprachkonzeptionen zu bemerken. Die Wissenschaftssprache der Psychologie wird auf Grund ihres Abstraktionsniveaus als dem Gegenstand unangemessen verspottet, der bisweilen unbedachte Metapherngebrauch als kläglich vorgeführt. [91] Wenn Améry dem die Alltagssprache entgegensetzt, so wird die 'normale' Sprache doch immer wieder mit den sprachanalytischen Anforderungen an eine 'ideale' Sprache konfrontiert. Einerseits kann Logik auf diese Weise als Korrektiv unreflektierten Sprachgebrauchs dienen, andererseits erlaubt es die Redesituation des Essayisten nicht, sich (etwa im Sinne des frühen Wittgenstein) auf Aussagen mit naturwissenschaftlicher Präzision oder das therapeutische Entlarven von Scheinfragen zu beschränken. Die Vielfalt der verschiedenen Sprachkonzeptionen bewirkt ein skeptisches Kontrollieren des eigenen Sprachgebrauchs. Doch kann es der Diskurs nicht mit der Mahnung zur Vorsicht bewenden lassen. Schon in der Syntax des Textes ist die poetische Funktion der Sprache erkennbar. Hypotaktische, syndetisch geordnete Perioden signalisieren die logische Hierarchisierung einer herkömmlichen Erörterung, durch Anachronismen wie den Sächsischen Genitiv wird zusätzlich Gediegenheit demonstriert. Daneben treten Partien parataktischer Reihung, häufig stark elliptisch bis hin zu Ein-Wort-Sätzen, in denen die rasche Assoziation des Schreibenden sprachlich abgebildet wird. Zur Veranschaulichung:

> Es ist ja auch nicht gesellschaftsfähig im sozialphilosophischen Verstande, daß es einem Menschen zuwider ist, Fleisch zu sein, sich betasten zu können, zuwider auch, daß er sehen muß, was er nicht begehrt, Straßen und Gesichter und Landschaften, lauter Sehensunwürdigkeiten. Weder gesellschaftsfähig noch der Psychologie zugänglich, da sie doch einer das Leben erhaltenden Gemeinschaft unterworfen ist, während der, den es ekelt, von den Herrlichkeiten der Schöpfung nichts zu wissen wünscht. Nahrung aufnehmen und Exkremente ausscheiden. Morden, lustzittern, ermordet werden, furchtbebend. Sein.[92]

Nach den ersten beiden - durch gemeinsames Subjekt und Prädikat eng verbundenen - Sätzen bricht die Argumentation ab zugunsten stichwortartiger Nennung. Der Auslöser der Assoziation ist in den vorangehenden Sätzen im Neologismus 'Sehensunwürdigkeiten' und der zugeordneten Ekelreaktion geliefert. Die Schöpfung

---

Kirchenmaier (1988). Vgl. hinsichtlich der Sprachanalyse auch Übereinstimmungen mit Lorenz' Untersuchung zu „Lefeu", Lorenz (1991), S. 154-168, und Fiero bzgl. Amérys Sprachkritik, Fiero (1997), v. a. S. 158-161.

[91] Zur wissenschaftlichen Begriffsidolatrie s. Améry (1994b), z. B. S. 14, 16, 19; Hohn angesichts eines unbedachten Sprachstils, ebd. S. 117/126.

[92] Ebd. S. 56; vgl. ähnliche Beispiele ebd. S. 76, 134.

- mit ironischem Aufrufen der christlichen Wertzuordnung - wird als blanke Triebhaftigkeit entschlüsselt: bei zunehmender syntaktischer Verknappung mündet die Selbsterhaltung als Nahrungsaufnahme und Defäkation über lustmordende Aggression in die Grundlage blanken Daseins. Die Wahl und Darstellung gerade dieser Gesichtspunkte des Lebens erlaubt es dem Essayisten, im folgenden den Ekel als angemessene Reaktion des Geistes schlechthin erscheinen zu lassen. Der Diskurs verhindert mit derartigen Textpassagen den performativen Selbstwiderspruch: wer die traditionelle Diskursivität der Oberflächlichkeit bezichtigt, muß in seiner eigenen Vorgehensweise Unmittelbarkeit andeuten. Die suggestiven Nennungen sollen die Emotion des Lesers erreichen und zum Miterleben locken, so daß für zurückhaltendes Überprüfen kein Platz bleibt. Die persuasive Funktion betrifft hier aber nicht nur den Inhalt der Meditation, das Medium Schrift selbst gerät angesichts rhapsodischer Assoziation in den Hintergrund, das individuell Erlebte bleibt im Text scheinbar ungebrochen. Wo alles darauf ankommt, „die suizidäre Befindlichkeit mitzuleben",[93] muß über die Medialität durch *Verschriftlichung* hinweggetäuscht werden. Weit auffälliger noch zeigt sich die Poetisierung der Sprache im Bereich von Phraseologie und Wortwahl.

Gegenüber der 'normalen' Sprache soll ein am bivalentes Verhältnis angezeigt werden. Auf keinen Fall dürfen mit den alltäglichen Sprachformen auch die (meist unausgesprochen enthaltenen) Vorurteile bestätigt werden. Das zu verhindern, wird etwa eine umgangssprachliche Maxime der Lebenslogik in Frage gestellt und schließlich Schopenhauerisch neu gefaßt: „'Man muß schließlich leben' [...] *Muß man leben?* [Hervorhebung im Original]" - „'Man will leben'."[94] Die Markierung durch Anführung genügt schon, die Aufmerksamkeit auf die Alltagssprache als Medium zu lenken. Eindringlicher betont das wörtliche Verstehen idiomatischer Fügungen oder die Amphibolie den Sprachgebrauch, zum Beispiel die Gifteinnahme (wörtlich) 'von der Hand in den Mund' oder die amphibolische 'Spiegelfechterei' des Selbstmörders während seiner Zurüstungen vor dem Spiegel.[95] Auch der Rückgriff auf Anachronismen oder die Wortneubildung erzeugen diese Aufmerksamkeit: 'Ahndung' mag eher befremden als die heute geläufige Wortform, die Bevorzugung des 'Nicht' gegenüber dem 'Nichts' kann die voreilige Hypostasierung des Begriffs abwehren, etcetera.[96] Die Kritik der 'normalen' Sprache ist somit deutlich. Doch nicht nur verfremdende Distanz zur Umgangssprache läßt sich beobachten, bisweilen

---

[93] Améry (1978), S. 16.
[94] Améry (1994b), S. 24 bzw. 153.
[95] Ebd. S. 13, 77.
[96] Ebd. S. 23, 36.

scheint gerade der gewöhnliche Sprachgebrauch den treffendsten Ausdruck bereitzuhalten; sei es die titelgebende Phrase ' Hand an sich legen', sei es der durch Figura etymologica geführte Nachweis der alltagssprachlich immer schon erfaßten 'Last des Daseins'.[97] Die Etymologie wird überhaupt mehrfach zu Hilfe gezogen: zur Verdeutlichung - Worttrennung bei deutschen und fremdsprachigen Derivaten und Komposita wie 'an-gedacht', 'Pro-jekt', 'Fremd-Körper' etcetera -,[98] in polemischem Zusammenhang, wie etwa die gegen das Christentum angemerkte Verbindung von 'gehören' und ' gehorchen',[99] oder als Grundlage für Wortspiele. Neben den auf gemeinsamer Wortgeschichte beruhenden Variations-Wortspielen findet man auch die durch Homophonie bewirkte Paronomasie.[100] Das so veranstaltete *Spiel-Sprechen* kann erneut als Abbildung der Assoziation verstanden werden, der Essayist überläßt sich den Einfällen und Verbindungen, die durch etymologische und lautliche Qualität des Sprachmaterials gefördert werden. (Selbstverständlich sind es die dergestalt in der allmählichen Verfertigung des Diskurses eingefügten Elemente, die sich noch nicht im Exposé planen lassen.[101]) Zu diesem Spiel-Sprechen gehört auch die Nachahmung fremder Rede: wiederholt werden etwa der Heideggersche Duktus imitiert oder - noch auffälliger - christliche Vorlagen parodiert: 'suchet, so werdet ihr finden' (Matth. 7,7) ist auf den erfolgreichen Selbstmörder bezogen,[102] der Essayist läßt sich mit Notkers (beziehungsweise Luthers) Wort 'mitten im Leben vom Tod umfangen'[103] oder beschreibt den deus absconditus (Jes. 45,15) als Täuschungsmanöver - „Tote sah ein jeder schon einmal, der Gott bleibt stets in Verborgenheit, das ist der Trick, von dem er lebt."[104]

Eine wichtige Funktion hat das Fremdwort in den Meditationen inne. Zwar kann das Fremdwort zur leeren Begriffshülse bar jeder (emotiv bestätigten) Wirklichkeitsanbindung verkommen, der (ohne Besinnung auf den Referenten) geläufige nüchterne 'Suizid' wird gleich zu Beginn als problematisches Beispiel gebrandmarkt; doch das überlegt verwendete Fremdwort vermag als Bruch, als Innehalten im Lesefluß auf das Medium Sprache zu verweisen, dann wird am Fremden die Vermit-

---

[97] Ebd. S. 133f.
[98] Ebd. S. 39, 71.
[99] Ebd. S. 100, 111, 120.
[100] Als Beispiel für ein Klang-Wortspiel: 'Gelehrtheit' - 'leer' ebd. S. 140.
[101] Vgl. Süss zu dieser 'work in progress', Süss (1992), S. 317-319. Die das Spiel-Sprechen vorantreibende assoziative Gewalt der Wörter wird in „Lefeu" eigens thematisiert, Améry (1982*b*), v. a. S. 111-113.
[102] Améry (1994*b*), S. 17.
[103] Ebd. S. 65.
[104] Ebd. S. 46.

teltheit jedes Sprechens übe r den G egenstand bewußt.[105] Die griechischen und lateinischen Wörter werden auch durch Trennung oder Übersetzung erklärt ('tautologisch', 'niederdrückend - depressiv'), was wiederum zum Wortspiel à 'der geduldige Patient' Anlaß gibt.[106] Weitaus wichtiger sind im Fall Amérys jedoch die französischen Wörter und E insprengsel, die den G ang des Nachdenkens auch als Assoziation zwischen zw ei Sprachen abbilden[107] - oft w iederholt der französische Ausdruck lediglich das deutsche Ä quivalent oder präzisiert. Daneben wird im Text selbst die L egitimation dafür gegeben, daß zentrale Begriffe der A rgumentation Fremdwort (ohne Übersetzung/Übertragung) bleiben. Interessant ist besonders der Begriff 'échec', dessen Berechtigung ge genüber deutschen Entsprechungen mit onomatopoetischen Überlegungen begründet wird, also die Poetisierung der Sprache kundtut:

> Aber keines der deutschen Äquivalente [des französischen 'échec', d. Verf.] hat den gleichen phonetischen (und damit merkwürdigerweise auch semantischen) Aussagewert. L'échec mit seinem trockenen Ton (son ton se c), mit se inem abhackenden, zerbrechenden Lärm gibt besser das I rreversible des totalen Scheiterns wieder. L'échec ist ein Schicksalswort [...].[108]

(Demgegenüber spielt die englische Sprache, zum Beispiel zur Figurencharakterisierung gebraucht, nur eine m arginale Rolle.) Als Gegenstück zur A ssoziation zwischen den Sprachen soll noch die Dialektisierung innerhalb des Deutschen erwähnt werden, der sparsam eingesetzte Austriazismus trägt zur Vielfalt der essayistischen Sprache(n) bei.[109]

---

[105] Wer diese Überlegungen weiter ausführen möchte, mag - mit a ller gebotenen Vorsicht - a uf Adornos Aufsätze „Wörter aus der F remde" sowie „Über den Gebrauch von Fremdwörtern" und, gewissermaßen die Keimz elle, Benjamins Aufzeichnung „Poliklinik" zurückgreifen, Adorno (1994*b*), S. 216-232, 640-646, Benjamin (1997), S. 94f.

[106] Améry (1994*b*), S. 29, 137, 63f.

[107] Damblemont g ibt einen referierenden Überblick über Amery s Verhältnis z ur französischen Sprache und den Umg ang mit Mehrsprachigkeit, Damblemont (1991), S. 60f. Als B eispiel für Amérys produktive Handhabung der z unächst durch die Ex ilsituation erzwungenen Mehrsprachigkeit wird häufig schon das Autorenpseudonym angeführt, z. B. bei Süss (1990), S. 6. Vgl. zusätzlich die Untersuchung mehrsprachiger Stellen in „Lefeu", die Bier im Rahmen einer Stilanalyse vornimmt, Bier (1979).

[108] Améry (1994*b*), S. 50. Peter Süss führt die Konnotationen des B egriffs weiter aus: „ So impliziert 'échec' eine Niederlage (zum Beispiel nach ei ner Kampfhandlung) oder auch das Schachspiel ('échecs'), an dessen Ende m eist das 'Schachmatt' ('échec et mat') steht. Beides symbolisiert sehr viel stärker nicht nur den Vorgang des Scheiterns in seinem Verlauf, sondern [...] das Scheitern in seiner endgültigen und abgeschlossenen Form.", Süss (1990), S. 11. Vg l. unter dem Gesichtspunkt des g eziehlt eingesetzten Fremdworts beispielsweise auch das in den Meditationen bevorzugte Wort 'cheminement', Améry (1994*b*), S. 83.

[109] Améry (1994*b*), z. B. S. 28.

Eine Analyse der Pronomina im Diskurs offenbart steten Wechsel der Kommunikationssituation (und zwar extern auf den Leser des Textes bezogen wie intern im Geflecht verschiedener Rollen). Das 'Wir' kann als Pluralis Modestiae den Leser einbeziehen, das indefinite ' Man' die Gemeinschaft von Sprecher und Hörer bezeichnen - dem gegenüber wird das 'Ich' zur Hervorhebung des Subjekts verwendet, etwa beim nachdrücklichen Appell zu Toleranz oder für die Bestätigung der wahrhaften Wiedergabe individuell belegter Erfahrung. Doch ebenso wie das 'Ich' einem die Lebenslogik vertretenden majoritären 'Man' entgegensteht, kann es als rollenhafter Diskussionspartner in der Selbstanfechtung zur Revision des Behaupteten beitragen. Der Essayist kann den Wechsel der Kommunikationssituation ankündigen, so wird etwa die argumentativ erarbeitete 'Botschaft' des Suizidärs an den Anderen als quasi transzendentales Objekt (das Paradoxon von Untergang und Fortbestand des Anderen im Freitod) zur Veranschaulichung in den letzten Abschnitten des vierten Kapitels in eine quasi private Rede übersetzt.[110] Ein Rollen-Ich des Essayisten wendet sich in direkter Rede an die konkrete Mitwelt. Doch der Essayist tritt auch als Erzähler auf, der seine Fallstudien, so die Tat der unglücklichen Hausgehilfin oder die Biographie der Chiffre X, auktorial berichtet oder in erlebter Rede vergegenwärtigt, also individuelle Lebenswege andeutet. Kein Schema kann diesen Wechsel der Kommunikationssituationen fassen, in dem beispielsweise das 'Ich' der autobiographischen Mitteilung oder das 'Wir' dem souverän argumentierenden Essayisten reserviert würde - gerade die mehrfache Funktionalisierung der Pronomina ist festzuhalten. Besonders auffällig wird dieses Textmerkmal, wenn sich Kommunikationssituationen überlagern. Die Zeiterfahrung des zum Freitod Entschlossenen wird am Ende des dritten Kapitels in einer Art Countdown inszeniert:[111] nach dem Setzen einer Zeitvorgabe erscheinen im Text (elliptisch) Angaben der noch verbleibenden Frist. Gleichzeitig erläutert der Essayist die Wahrnehmung absoluter und relativer Zeit, gibt Beispiele - und scheint im nächsten Augenblick selbst vom drohenden Verstreichen der Frist betroffen. Überstürzt wird Erinnerung, Lektüreerinnerung, wiedergegeben. Schon ist die Distanz zu dieser geängstigten Rolle wieder hergestellt, ein pseudo-Heideggerscher Kommentar möglich. Die Montage der zwei verschiedenen Perspektiven soll die theoretische Abhandlung um das rhapsodische Element bereichern, dem einfühlenden Leser während der theoretischen Abhandlung das Erleben des Betroffenen (andeutungsweise) eröffnen.

---

[110] Ebd. S. 124-126.
[111] Die analysierte Textpassage ebd. S. 92-98.

Der vorgestellte Wechsel der Kommunikationssituation ist ein Merkmal der späten Essayistik Amérys, als solches wurden die „Konjugationsspiele"[112] auch in der Forschung berücksichtigt. Da in der vorliegenden Arbeit eine Konzentration auf die analysierten Textstrukturen angestrebt ist, wird von verallgemeinernden Thesen zu Amérys Œuvre abgesehen. Die in der Forschung postulierte Zersplitterung der essayistischen Position, zunehmende Ich-, Sprach- und Weltentfremdung, bedient sich nämlich allzu rasch der von Améry selbst bereitgestellten Kategorien, zum Beispiel der 'Todesneigung', und gerät als literaturwissenschaftliche Untersuchung in die Nähe psychologischer Mutmaßung.

Mit dem Verbinden verschiedener Sprachkonzeptionen, den stilistischen Besonderheiten, insbesondere den Verfremdungen der 'normalen' Sprache, und dem pronominal ablesbaren Wechsel der Kommunikationssituationen sind zentrale Strategien aufgezeigt, die Befindlichkeit des Suizidärs mitzuteilen und zugleich die sprachliche Grenze am Todeswiderspruch zu wahren. Die Metaphorik, gewiß bedeutsamer Aspekt der Poetizität, verdient eine eingehende Betrachtung.

2.2.1. Exkurs: Metaphern(theorie)

Der folgende Exkurs soll die in der vorliegenden Arbeit vorgenommene Gewichtung der Metapher rechtfertigen. Als Diskussionseinstieg dient ein kurzer Abriß ausgewählter Metapherntheorien.[113] Die Fülle der einschlägigen Theorien läßt sich, folgt man Blacks Überlegungen, als Variation über zwei Themen begreifen. Die kognitive Leistung der Metapher ist unterscheidendes Kriterium, da eine Partei die prinzipielle Übersetzbarkeit des Tropus postuliert, die Metapher der anderen als unabdingbares Mittel zu Erkenntnis gilt (und folglich Erklärungsmetaphorik innerhalb dieser Theorien selbst nur konsequent ist).

Die erste Partei kann als *Substitutionstheorie* bezeichnet werden, derzufolge ein von der Metapher ersetzter Ausdruck angegeben werden kann (- wenn das auch im Fall der Katachrese erheblichen Aufwand erfordert). Schwierigkeiten derartiger Verstehensansätze sind offensichtlich, schwer fällt die Erklärung der vom Rezipienten vollbrachten Rekonstruktion des Substitutum und damit zusammenhängend das

---

[112] Andersch (1971), S. 693. Vgl. die - bisweilen stark psychologisierenden - Deutungen bei Fiero (1997), S. 124f., oder Sebald (1988), S. 324f.

[113] Die hier vorgetragenen Ausführungen gehen vor allem auf die Arbeiten von Max Black zurück, d. h. Black (1996b), Black (1996a), Black (1990); vgl. auch den guten Überblick bei Kurz (1982), S. 7-26, ferner Levinson (1994), S. 149-163 (Blacks Interaktionstheorie begegnet man dort unter dem Begriff 'Entsprechungstheorie').

Verständnis von Frequenz und E rfolg des Metapherngebrauchs. Das gilt insbesondere für die hier einzuordnende, häufig vorgebrachte *Vergleichstheorie*, nach der die Metapher als elliptisches G leichnis Substituendum eines ausführlichen Vergleichs ist. Unbefriedigend bleibt die V ergleichstheorie, solange die Ermittlung des zugrundeliegenden tertium comparationis ungeklärt bleibt. Die Tradition der Substitutionstheorie reicht von Aristoteles' „Poetik" bis hin zu zeitgenössischen linguistischen Argumentationen von K ubczak, Searle oder D avidson, deren unterschiedlichen Ausführungen des zugrundeliegenden Substitutionsgedankens hier nicht weiter nachgegangen werden kann.

A ls ein W idersacher der Substitutionstheorie sei die *Interaktionstheorie* der Metapher ausführlicher vorgestellt, die auf Black zurückgeht. Der Metaphernbegriff fordert hier, daß ein irritierender Ausdruck (Fokus) in einen unm ittelbar wörtlich zu verstehenden Kontext (Rahmen) eingebettet ist. Mit dieser konstitutiven Spannung ist allerdings keine essentialistisch e Bestimmung eines w örtlichen und eines figurativen Sinns des fokalen Ausdrucks vorgenommen. Als Anzeichen für Metaphorizität können fe hlende Übereinstimmung mit dem Ko(n)text, Banalität, Unsinn der wörtlichen Lesart gelten; di e Metapher muß dann jedoch noch in einem Ausschlußverfahren von den a nderen Tropen abgesondert w erden. (Die grammatische Form erlaubt keine verläßliche Aussage über Metaphorizität.) Die Funktionsanalyse erklärt die Bedeutung der Metapher durch Interaktion, die zwischen Fokus und Rahm en - oder auch: zw ischen Sekundär- und Primärgegenstand - statthat. In der Sp annung zu seiner U mgebung werden Implikationen des fokalen Ausdrucks aufgerufen, das sind Gemeinplätze, objektives Wissen in ununterscheidbarer V ermengung mit ad hoc geförderten A ssoziationen und möglicherweise Irrtümern. Das derart erstellte „System miteinander assoziierter Gemeinplätze"[114] liefert ein Modell des Rahmens, der Prim ärgegenstand wird gleichsam durch den Filter des sekundäre n Implikationszusammenhangs gesehen. Dazu werden Bedeutungsmerkmale des Rahmens ausgewählt, gewichtet, organisiert und gegebenenfalls a bgewandelt. Die Pointe der Interaktionstheorie besteht darin, daß am Filter wie am betrachteten Gegenstand Veränderungen möglich sind, bis eine Entsprechung der Implikationen von Fokus und Rahmen vorliegt. In Blacks Worten:

> Im Kontext einer bestimmten metaphorischen Aussage 'interagieren' die beiden Gegenstände auf folg ende Weise: (I) das Vorhandensein des Primärgegenstandes reizt den Zuhörer dazu, einige der Eigenschaften des Sekundärgegenstandes auszuwählen; und

---

[114] Black (1996*b*), S. 70f. Die Verbindung zu Putnams Stereotypbegriff liegt nahe und weitergehende Untersuchungen zu Blacks Metapherntheorie werden sich an diesem Konz ept orientieren müssen - die vag e wortsemantische Verortung der Blackschen Reflexionen gehört sicherlich zu den Schwächen seiner Metapherntheorie.

(II) fordert ihn auf, einen parallelen 'Implikationszusammenhang' zu konstruieren, der auf den Primärgegenstand paßt; und umgekehrt (III) wiederum parallele Veränderungen im Sekundärgegenstand bewirkt.[115]

Die Reziprozität ist der entscheidende Einwand gegenüber der Substitutionstheorie. Die wechselseitige Beeinflussung der Systeme verlangt Isomorphie, die einzelnen Systemglieder müssen sich einander zuordnen lassen - ein Vergleichsmoment ist also auch in dieser Erklärung enthalten. Doch kann die Verbindung der Systemglieder auf verschiedenen Beziehungen beruhen: Identität, Ähnlichkeit, Analogie, auch auf untergeordneten Metaphern; die Vieldeutigkeit einer metaphorischen Aussage wird durch diese Beziehungsvielfalt erklärt. Wichtig sind insonderheit die Einstellungsveränderungen, die gegenüber dem Primärgegenstand auftreten, er wird im Verstehensprozeß der Metapher gleichsam *als* Sekundärgegenstand *erlebt*. Wenn in der vom Rezipienten hervorgebrachten Entsprechung des sekundären und des primären Systems ein Vergleich durchscheint, so entziehen sich die verschiedenen Möglichkeiten des In-Beziehung-Setzens und das emotiv wirksame Moment des Erfahren-Als - neben der ohnehin genannten Reziprozität der Systeme - der Vergleichstheorie.

Ein einfaches Beispiel kann die Funktionsanalyse vor Augen führen: Adornos Aphorismus „Fremdwörter sind die Juden der Sprache".[116] Mit dieser zweifelsohne irritierenden Aussage konfrontiert, mag der Leser - ausgehend vom Rahmen (Sprache, Fremdwörter) - folgenden Implikationszusammenhang des Ausdrucks 'Juden' erstellen:
(S1) Eine fremde Kultur,
(S2) die stets von Assimilation erzwingender Gewalt bedroht ist.
(S3) Als Außenseiter unterbricht sie gewohnte Konformität
(S4) und bedarf besonderen Schutzes.
Diese Implikationen, gewählt immer schon im Hinblick auf den Rahmen (und mit Weltwissen zu Adorno), werden Modell des Primärgegenstands:
(P1) Fremdwörter widersetzen sich der Assimilation,
(P2) die eine puristische Vereinnahmung zu erreichen sucht.
(P3) Sie unterbrechen den gewöhnlichen Umgang mit Sprache,
(P4) lenken die Aufmerksamkeit auf den Sprachgebrauch.
Reziproke Beeinflussung bewirkt, daß nur bestimmte Merkmale der Gegenstände ausgewählt, gewichtet und strukturiert werden; dabei bleibt der Implikationszusammenhang natürlich je nach Kontext, nach Wissen und Assoziationsreichtum des

---

[115] Black (1996a), S. 393.
[116] Adorno (1994a), S. 141.

Lesers erweiterbar. Das In-Beziehung-Setzen der einzelnen Systemglieder ist nicht unstrittig: während etwa die Beziehung (S1- P1) auf identische Fremdheit zurückgeht, verbindet (S4-P4) die Ähnlichkeit des Verweisens auf bedrohliche Identifizierungszwänge. Neben der kognitiven Funktion wird am Beispiel die emotive Wirkung sichtbar, die Zusammenführung der beiden Gegenstände scheint dreist und provoziert, regt zum Nachdenken an.

Für die kreative Leistung zumindest ausgewählter, sogenannter ' starker' Metaphern gibt es ansatzweise Erklärungen. Die Kreativitätsthese der ' starken' Metapher kann vorsichtig wie folgt formuliert werden: „[...] daß solche Metaphern Verbindungen enthüllen, ohne sie zu *schaffen*."[117] Die metaphorisch eröffnete Sicht auf den Primärgegenstand liefert ein mit dem Kriterium Angemessenheit beurteilbares Modell; die Bedeutung des Modells ist von der fundamentalen Prämisse abhängig,

> [...] daß die 'Welt' notwendig eine Welt *in einer bestimmten Beschreibung* ist - oder eine Welt, die aus einer bestimmten Perspektive gesehen wird. Manche Metaphern können eine solche Perspektive erzeugen.[118]

Die angedeutete Leistung der Metapher bleibt so lange vage, bis der Akt metaphorischen Denkens - eines Denkens, in dem ein Gegenstand als ein anderer vorgestellt oder erlebt wird - geklärt ist. [119] Deshalb sei betont, daß es sich bei Blacks Interaktionstheorie um einen Entwurf handelt, der neben detaillierten Ergänzungen, zum Beispiel hinsichtlich des wortsemantischen Hintergrunds oder in bezug auf das Problem untergeordneter Metaphern innerhalb einer Interaktion, insbesondere der Erläuterung des zugrundeliegenden Akts metaphorischen Denkens bedarf.

Soweit der Abriß der Metapherntheorie. Die Modellhaftigkeit des Tropus sollte verdeutlicht sein, so daß in der folgenden Analyse nicht jedes Beispiel mit derselben Ausführlichkeit behandelt werden muß. Mit diesem Rüstzeug zurück zu Amérys Meditationen. Die Diskussion der Metapher ist eine Verschärfung des bereits beobachteten Schwankens zwischen Sprachkritik und Sprachvertrauen.

Als Anmerkung: die am bivalente Bewertung der Metapher erfährt innerhalb Amérys Œuvre eine Zuspitzung. Anfangs wird die Metapher, wenn sie sich in Grenzsituationen des Geistes wie bei Behandlung der Tortur des Widerstandskämpfers oder der Todesnähe des Alternden schon nicht vermeiden läßt, unter der Bedingung toleriert, daß man die Gleichnishaftigkeit der Rede stets mitreflektiert. Im

---

[117] Black (1996*a*), S. 405.
[118] Ebd. S. 409.
[119] Vgl. die Überlegungen bei Black (1990), S. 91; Black (1996*a*), S. 398-401; Levinson (1994), S. 163.

Roman-Essay „Lefeu" beharrt die Sprachauffassung des Protagonisten am (mit Schlick bestimmten) Sinn der Sätze, darin der sich autonom verselbständigenden Sprache der Figur Irene opponierend. Das wiederholt beschworene Sprachvertrauen läßt sich aber nicht dauerhaft vertei digen; die Verbindung von Zeichen und Referent wird durch die assoziative und m etaphorische Gewalt der W örter aufgeweicht, schließlich ein em otiver Sinn dem semantisch faßbaren konzeptuellen Sinn beigesellt: der emotive Sinn als existenzielles Zeichen jenseits der Mitteilbarkeit. Zuletzt verschmilzt der Protagonist gar mit der Metapher des 'oiseau de malheur'.[120]

Ohne eine so radikale W endung stellt sich die Frage nach der Brauchbarkeit der Metapher auch im Freitoddiskurs. Die Meditationen verwenden mehrfach die Metapher als Mittel einer zum indest andeutenden Verständigung, zugleich wird ihre Mangelhaftigkeit betont.[121] Diese Erwägungen erfüllen zwei Funktionen: erstens werden die Sprachgrenzen w ieder in Erinnerung gerufen, neben der Metapher bleibt nur die Möglichkeit des V erstummens; zweitens wird das A ugenmerk des Rezipienten gerade auf die Metaphorizität, genauer: auf die im Essay gewählten Metaphern, gelenkt. Im Zusammenhang mit dem Erleben des Selbstmörders heißt es:

> Meeresstille des Gemüts? Ein Kopf, de r, anrennend gegen vier aufeinander zurückende Wände, einen rasenden Wirbel schlägt? Das eine so g ut wie das andere, die Metaphern schließen einander nur scheinbar aus: im Drüben, das es nicht gibt, werden auch si e nicht sein.[122]

Alle Metaphern versagen vor dem schlechthin Unerkennbaren (nicht nur ein salopp zurückgewiesenes, den G renzübertritt so vorschnell vollziehendes 'Drüben'). Die Kreativitätsthese der Metapher w ird verneint, wo jeder (a priori oder em pirisch gewonnene) Anhaltspunkt fehlt. Es bleibt die Wahl zwischen beliebigem, schlecht rhetorischem Beiwerk oder Schw eigen. Doch ist damit erst die erste der beiden genannten Funktionen erfüllt, die Markierung der G renze. Denn zweifellos entscheidet sich der Essayist gegen das Verstummen und für Metaphorik, genauer: er wählt Metaphern. Hier bewährt sich die Metapherntheorie, sie soll die Bevorzugung bestimmter Metaphern verständlich machen.

---

[120] Bier unterstreicht die B edeutung der Metapherndiskussion in „ Lefeu", s. B ier (1979), S. 48 (Anm. 66). Die veränderte Bewertung der Metapher zeigt sich z. B. auch in Amérys Urteil über - den ehedem des Obskurantismus beschuldig ten - Heidegger: „Natürlich sagen die Heidegger-Sätze als Aussage-Sätze nichts. Aber al s Metaphern, als Verwandlung in Sprache, für eine Wirklichkeit, die uns bedräng t, sagen sie am Ende doch sehr viel.", Améry im Gespräch mit Hermann (1992), S. 96.

[121] Thematisierung der Metaphorizität in Améry (1994*b*), S. 19, 32, 105; vgl. Améry (1977), v. a. S. 111.

[122] Améry (1994*b*), S. 126.

Ein simples Beispiel, noch fern von der Arbeit an der Grenze der Mitteilbarkeit, zeigt den bedeutsamen Einsatz der Metapher. Der 'échec', unabänderliche Niederlage des Lebens vor dem Tod, wird als absurder, dem Abriß versprochener Hausbau vorgestellt. Die vergleichsweise triviale Metapher unterstützt den Diskurs. Als Ergebnis der Interaktion beider Gegenstände (Leben/Tod, absurder Hausbau) entsteht folgendes Modell: ein mit Planung und erheblicher Mühe unternommenes Vorhaben endet, statt mit erwartetem Schutz und Wohlergehen, in Zerstörung. Die ermittelte Bedeutung der Metapher birgt die entscheidende Voraussetzung, der Hausbau ist ja ausschließlich Mittel, zweckgerichtet, das Leben wird allein unter finalem Aspekt betrachtet - eine Sinngebung innerhalb der begrenzten Lebensspanne ist von vornherein ausgeschlossen. Die einfache Metapher trägt mit der unauffällig vollzogenen Absolutsetzung der Finalität Amérys Erörterung.

Interessanter als die Beobachtung einer so eindeutig instrumentalisierten Metapher ist die *Analyse des Geflechts verschränkter Metaphern*, von dem die Wirkung des gesamten Textes zehrt. (Bei der Analyse dieses Geflechts wird die Berücksichtigung intertextueller Verweise unumgänglich.) Das konsequente Verfolgen des Metapherngeflechts entspricht einem cursus durch den Essay. Die Eröffnung der Meditationen erfolgt mit dem Bild des finsteren Raumes, in den der Essayist eindringt. Implikationen wie Anstrengung, Angst und allmähliche Orientierung gehören zur Metapher dieses einleitenden Schwellenübertritts, der Annäherung des Schreibenden an den Suizidanten. Die Unzugänglichkeit der zu untersuchenden Erfahrung wird mit der Alvarez entlehnten Rede von der 'geschlossenen Welt des Selbstmords' betont.[123] Das Bild des finsteren Raum es wird im Text wiederholt aufgegriffen. Durch die Gemeinsamkeit einer erschwerten visuellen Orientierung besteht eine Verbindung zu den Metaphern der Trübnis und des Zwielichts für die Situation des der Lebenslogik nur noch teilweise angehörigen Selbstmörders.[124] Ähnlich gestaltet auch die Unfaßbarkeit des Todes als Nebel, die Überlegungen des Essayisten als Expedition in ein unwegsames und gefährliches Hochmoor - kurz: ein Netz aus einander zugeordneten Metaphern wird geknüpft.[125] Die Metapher des finsteren Raumes ist Anknüpfungspunkt für die Konkretisierung der suizidalen Befindlichkeit in der 'Weininger-Metapher'. Imaginiert wird der historische Weininger (gerechtfertigt durch

---

[123] Unter dem Titel „Die geschlossene Welt des Selbstmords" beschäftigt sich Alvarez mit Vorurteilen und wissenschaftlichen Erklärungen hinsichtlich des Suizids, entwirft er ansatzweise eine eigene Theorie. Das Kontrastprinzip ist bereits angelegt, da Alvarez den Entschluß zum Selbstmord als Eintritt in eine genauso abgeschottete wie in sich stimmige Welt beschreibt, s. Alvarez (1974), S. 89-141, v. a. S. 131-149. Vgl. Améry zu Schultz-Gerstein (1979), S. 31.

[124] Améry (1994b), S. 31, 44.

[125] Ebd. S. 32, bzw. S. 34, 38.

Einfühlung, das Symbol Herz).[126] Dabei nutzt die Metapher einige der Gemeinplätze, die das Leben des exzentrischen Philosophen begleiten: Weininger, zerrissen zwischen Begierde und Misogynie, zwischen Judentum und Antisemitismus, befindet sich in einem schmalen Raum, während sein Kopf immer stärker anschwillt, rücken die Wände unaufhaltsam näher, das Zusammenprallen beschleunigt als sich steigernder Trommelwirbel bis zur Vernichtung.[127] Der Leser erhält als Modell suizidalen Erlebens den Schmerz, der - ins Unerträgliche wachsend - allein die Zerstörung begrüßt. Das Verhalten des Eingeschlossenen ist für die Außenstehenden, die Nicht-Betroffenen unverständlich. Die 'Weininger-Metapher' erfüllt verschiedene Aufgaben: sie veranschaulicht natürlich die Zwangsläufigkeit des Geschehens für den Betroffenen (an dieser Stelle die Anspielung auf Palmströms Maxime in Morgensterns „Die unmögliche Tatsache"), der für von außen herantretende psychologische Hilfe unzugänglich bleibt.[128] Rasch erfährt die Metapher eine Ausweitung, wird abgelöst von der historischen Person Modell aller dem Freitod Geneigten, charakterisiert eine Verfassung: „Weltekel, Klaustrophobie infolge der gegeneinander rückenden vier Wände, Schädelgehämmer an diese."[129] Die fundamentale Verschiebung erfolgt, wenn das Modell mit einem Mal zur Sichtweise auf das Leben überhaupt wird. Da ist nicht mehr von wahnhafter Bedrängnis des Abweichenden die Rede, unmerklich wird die Existenz das Gefängnis, aus dem es zu entkommen gilt:

> Auch rücken stets vier Wände gegen uns zueinander. Sie werden uns zerpressen, und werden Be-*schwer*-de sein.[130]

Die Verallgemeinerung des von Weininger ausgehenden Tropus zum Bild der conditio humana wird einseitig Tendenz, nicht weil sie heimlich vorgenommen, sondern da die erweiterte Verwendung mit Implikationen der vorausgehenden aufgeladen ist. Erscheint der Freitod aus der Sicht des Wahnsinnigen als stringente Folgerung, so soll der Freitod am Ende des Diskurses ebenso überzeugend als berechtigte Haltung gegenüber dem Dasein schlechthin gelten. Der Essay unterläuft mit dieser Metaphorik also die im Kontrastprinzip behauptete Toleranz, die Ausgeglichenheit der im Gegensatz stehenden Haltungen, da die Metaphern allzu einseitig zugunsten der Lebensverneinung gewählt sind beziehungsweise entwickelt werden.

---

[126] Ebd. S. 16 (- das Herz als Symbol des empathischen Vermögens erscheint später in ironischer Brechung ebd. S. 43).

[127] Ebd. S. 15f.; die besondere Bedeutung des Kopfes für die Ich-Wahrnehmung wird später, im dritten Hauptstück, ausführlich behandelt, ebd. S. 73f.

[128] Ebd. v. a. S. 28f., 36 (mit der Morgenstern-Anspielung), 39.

[129] Ebd. S. 77.

[130] Ebd. S. 133f.

Die Vergegenwärtigung Weiningers wird mit Einfühlung begründet, schließt die Verfassung des Schreibenden mit ein. Hier soll zusätzlich ein intertextueller Bezug vermerkt werden, der die Konstitution des Essayisten kennzeichnet. Am Ende der „Unmeisterliche[n] Wanderjahre" charakterisiert der Autor den Ort seiner Tätigkeit mit der Schlußzeile von Hölderlins „Hälfte des Lebens" (verfremdet durch die Übertragung ins Englische):

> The walls stand speechless and cold. Vier Wände eines Arbeitszimmers. Strukturen. Wer als Fremdling ihnen ausgeliefert ist, wird tiefes Verlangen verspüren, stumm sein zu dürfen. Nicht jedem ist's gewährt. Schreiben ist ein Metier wie irgendeines.[131]

In Verbindung mit der besprochenen 'Weininger-Metapher' treten Zweifel und Resignation des Schaffenden ob der eigenen Ohnmacht in die Umgebung von Weiningers Selbsthaß. Die Metaphorik bezeugt die Nähe zu eigenen Erfahrungen des Schreibenden.

Eine weitere Metapher ist der Aufgabe des Schreibenden zugeordnet: um sich das Zurechtfinden in dem finsteren Raum zu ermöglichen, müsse man „[...] starren mit dem Auge des Nachtvogels."[132] Das verlangt eine Wahrnehmung, die die menschlichen Möglichkeiten vervollständigt. Über die Sinnesleistung hinaus eröffnet der Begriff auch intertextuelle Beziehungen, die hier exemplarisch ausgeführt werden. Der Protagonist des „Lefeu" unternimmt in der Gestalt des 'oiseau de malheur' einen Nachtflug, mit dem die Handlung zu ihrem Ende kommt. Thematische Anklänge an die Meditationen sind deutlich, da der fliegende Lefeu den Suizid seiner Freundin Irene imaginiert. Er selbst schwankt zwischen dem Wunsch nach Gewalt gegen den als Brutalität erfahrenen 'Glanz-Verfall' und dem Verlangen nach Selbstauslöschung. Dabei endet er mit einem bildlichen, ja metaphorischen Suizid. Seine Gewalt richtet sich gegen das Gemälde des Unglücksvogels, das Verbrennen trifft schließlich mit dem Herzversagen des bis zuletzt unentschlossenen Helden zusammen.[133] Von hier führt eine Textkette zu Nietzsches Gedicht „Der Freigeist (Abschied)",[134] das dem Protagonisten Lefeu unterlegt ist; die Implikationen Entfremdung, Heimatlosigkeit, Verlust der (lebenslogischen) Sicherheit kennzeichnen auch die Position des Essayisten. Zusätzlich mag der 'Nachtvogel' auch Hölderlins

---

[131] Améry (1989), S. 129. Süss weist auf diese auto-intertextuelle Verbindung hin, verwechselt aber fatalerweise die Entstehungsfolge der Texte, Süss (1992), S. 322f. Vgl. auch Süss (1990), S. 11.
[132] Améry (1994*b*), S. 40.
[133] Textgrundlage ist das sechste Kapitel „Nachtflug", Améry (1982*b*), S. 144-168, insb. die Vorstellung der Selbstmörderin Irene ebd. S. 155f.
[134] Nietzsche (1988), S. 329. Vgl. Lorenz zum Nietzsche-Bezug in „Lefeu", Lorenz (1991), S. 159f.

„Die Kürze"[135] aufrufen, steht doch der dort erwähnte „Vogel der Nacht" (Vers 8) im Kontext des Abschieds und Verlusts, das Vertrauen auf ästhetische Schöpfung scheint erschüttert. Auch diese Implikationen - dem vagen intertextuellen Verweis entsprechend knapp ausgeführt - stützen das Bild des von Zweifel und Hoffnungslosigkeit geplagten Schreibenden. Mit der Kehre von lebendiger Harmonie zur Bildlichkeit von Kälte, Erstarrung und Dunkelheit verläuft die Bewegung in „Die Kürze" parallel zu der in Hölderlins bekannter, im Rahmen der 'Weininger-Metapher' bereits genannten „Hälfte des Lebens". Die Meditationen nehmen ausschließlich den Aspekt der Erstarrung, des Endes auf. Die mit den poetischen Texten verbundenen Vorstellungen, vor allem die emotiven Einstellungen, können durch die Metapher in den essayistischen Text einfließen. Davon wird im 'Nachtvogel'-Beispiel mit ergänzender und identifikatorisch-zustimmender Funktion Gebrauch gemacht. Die versuchsweise vorgestellte Analyse einer derart poetisch angereicherten Metapher ist selbstverständlich angreifbar. Das Erstellen und die Bewertung der Verbindungen zwischen Texten oder gar Textketten bleibt vom Wissen des Lesers abhängig. In diesem Fall wird die Bezugnahme recht unbestimmt durch den Begriff 'Nachtvogel' angeregt, die zugrundeliegenden Prätexte sind allerdings 'kanonisch' und ihre Assoziation wird zusätzlich dadurch gefördert, daß Nietzsche und Hölderlin mehrfach in dem untersuchten Text präsent sind. Generell soll das bloße Erkennen möglicher Vorlagen keinesfalls als Zweck ausgegeben werden, ohne einen einsehbaren Funktionsnachweis bleibt die detektivische Arbeit am Palimpsest ohne Erkenntnisgewinn.

Kehren wir zur 'Weininger-Metapher', der Modifikation des finsteren Raumes, zurück. Diese Metapher ist der Hintergrund, auf dem der abschließend proklamierte 'Weg ins Freie' aufleuchtet. Aus der Zwangslage, der Bedrängnis - dieser Zustand wird mit der Situation des Lagerhäftlings oder dem Angor der Atemnot drastisch illustriert -[136] ist allein der Ausbruch wünschenswert - auch der Ausbruch ins Nichts. Die verräumlichende Metapher des Weges muß vermitteln, auch wenn sie zur Hypostasierung eines Zieles verführt, wo alle Zuständlichkeit fehlt. Die intertextuelle Übernahme der Phrase von Schnitzlers Romantitel wird vom Essayisten selbst

---

[135] Hölderlin (1984), S. 34f. Die abwägenden Entscheidungen beim Erstellen einer intertextuellen Textkette, die folglich immer der Korrektur und Ergänzung offensteht, lassen sich an dieser Stelle veranschaulichen. Zur Abgrenzung im Kontext Hölderlinscher Prätexte: Der Nachtvogel als Symbol der Pallas Athene, von dem beispielsweise in Hölderlins „Gesang des Deutschen" die Rede ist (Vers 32), ließe sich zwar mit dem Erkenntnisinteresse des forschenden Essayisten in Einklang bringen, die in dem genannten Prätext beschworene Hoffnung und Erwartung ist jedoch im Posttext gerade nicht auszumachen, s. Hölderlin (1984), S. 62f.

[136] Améry (1994b), S. 127f.

kommentiert.[137] Und eine erläuternde Allegorie wird beigesellt: die Versuchung, alle Verkehrssignale mißachtend am Ende einer Sackgasse weiterzufahren - das Durchsetzen der eigenen Neigung entgegen allen sozialen Regeln.[138]

Damit trägt die Metaphorik insgesamt zum Zusammenhang der Hauptstücke bei. Die Argumentation ruht auf einem metaphorischen Netz: zum einen wird die Bewegung des Essayisten hin zum Erleben eines Suizidanten nachgezeichnet, zum anderen scheint das mit Selbstzerstörung verbundene Ausbrechen des Selbstmörders aus dem für ihn unerträglichen Gefängnis nachvollziehbar. Erst die Verschiebung von der individuellen Qual zur universalen Last des Daseins, an der 'Weininger-Metapher' ablesbar, die Veränderung des Bildes vom abseitigen Wahn zum Modell der conditio humana, erlaubt die den Diskurs schließende Behauptung der allgemeinen Lebenslüge. Zugleich werden die Ausführungen durch Metaphorik veranschaulicht (im wörtlichen Sinne, handelt es sich doch überwiegend um visualisierende Metaphern). Die entscheidenden Erfahrungen, auf die der Diskurs rekurriert, können in Ansätzen miterlebt werden. Durch intertextuelle Aufladung können die Metaphern darüber hinaus Reflexionen und Gefühle, die mit den Prätexten verbunden sind, in den Posttext einbringen.

Nachdem man sich in diesem Kapitel der konkreten Funktionsweise der Metapher versichert und ihrer Verwendung in Amérys Text gewidmet hat, stellt die philosophische Arbeit *Thomas Machos* einen Standpunkt bereit, das Zusammengetragene aus neuer Perspektive zu erfassen. Macho beschäftigte sich in einer umfangreichen Studie mit dem Thema Todesmetaphern,[139] seine Ergebnisse sind in unserem Zusammenhang ein anregender Ausblick, sie werden sich auch später bei der Behandlung des Burgerschen Textes als sehr fruchtbar erweisen.

Macho beginnt bei der Gegenüberstellung von Sprache und Tod, genauer: dem Schweigen der Toten. Um die Frage zu beantworten, *worüber* wir sprechen, wenn wir vom Tod sprechen, prüft er die verschiedenen Herleitungen eines Wissens über den Tod. Die Konstruktion einer Todeserfahrung, die den Tod nach dem Modell der Natur oder der freien Handlung[140] (eventuell auch: dem Tod des Anderen im 'Liebestod') in den Bereich des Erfahrbaren zerren möchte. Das Mißlingen ist diesen

---

[137] Ebd. S. 144f. Selbstbezüglich wird die assoziative Vorgehensweise zum Thema, betont der Schreibende doch, zunächst ausschließlich die Titelformulierung übernommen zu haben, die Erinnerung inhaltlicher Komponenten und damit Übereinstimmungen mit Schnitzlers Text seien im Laufe der Arbeit hinzugekommen.

[138] Ebd. S. 147f.

[139] Macho (1987).

[140] Dazu ist neben anderen Modellen auch der Suizid zu zählen, s. ebd. S. 50-57.

Versuchen ebenso vorausbestim mt wie der Alternative, einer Theorie, die das Wissen vom Tod als Apriori belegen will. Der hierfür postulierte N exus von Individualität und Sterblichkeit m ündet in einen Z irkelschluß. Der Möglichkeit einer Erkenntnis beraubt, verschiebt sich die Macho leitende Fragestellung: nicht worüber, sondern *wie* wir sprechen, wenn wir vom Tod sprechen. Die Antwort, zu der er über Wittgensteins Sprachkonzept (und desse n ethnomethodologische Radikalisierung) gelangt, erstaunt nicht: m etaphorisch. Dabei sind die für den T od gewählten Metaphern keineswegs willkürlich. Am Toten wird der strikte Kommunikationsabbruch, der A ustritt aus dem sozialen Körper[141] erfahren. Erschreckend ist die K onfrontation mit dem 'Leichenparadoxon': der tote K örper bleibt als Individuum erkennbar, das jede Kommunikation verweigert - während für den Lebenden der soziale K örper zur Synthese von Individualität und L eib unabdingbar ist. An die so verdeutlichte E rfahrung knüpfen die T odesmetaphern an. Sie entstammen Grenzerfahrungen in der Lebenswelt, die den Rückzug aus dem sozialen Körper zumindest andeutungsweise enthalten. Dabei gelingt der Metapher das Viveszieren dieser Grenzerfahrung, das logischer Begrifflichkeit vorenthalten bleibt; die Metapher bietet nicht nur ein Provi sorium (angelegt auf den ' eigentlichen' Begriff hin), sie erhält ihre Berechtigung gerade durch die originäre E rinnerung an die Grenzerfahrung - m an vergleiche di e oben angedeutete Kreativitätsthese.[142] Die Metaphern reagieren auf das irritierende 'Leichenparadoxon' beispielsweise mit dem Bild des Schlafs, des T raumes oder der sexuellen Entrückung, also Erfahrungen, in denen bereits der Lebende Distanz zum sozialen Körper einnimmt. Diese Entfernung verunsichert die Gruppe, vielfach wird die Grenzerfahrung - quasi L eichenmimesis - institutionalisiert, durch Riten oder kontrollie rbare Stellvertreter ins E rmessen des sozialen Körpers gestellt. In diesem Kontext ist der Suizid als A ngriff auf die Sozietät interpretierbar, der selbstherr liche Austritt des E inzelnen bedroht die gebrechliche Einrichtung des sozialen K örpers. Mit der so gelegten Schneise durch Machos materialreiche Studie (einige wich tige Aspekte, vor allem die H istorizität des sozialen K örpers samt Folgen, konnten nicht berücksichtigt w erden) fällt die Bezugnahme auf Amérys Diskurs leicht.

---

[141] Zum *sozialen Körper*: Macho l eitet den soz ialen Körper z unächst aus evol utionstheoretischen Annahmen ab, er läßt sich aber auch in traditionell-philosophischer Begrifflichkeit fassen. Diesen Überlegungen zufolge wird die Rede vom eigenen Körper erst innerhalb der soz ialen Totalität sinnvoll (interco rporéité). Als Universalien, die ei ne verbindliche Zugehörigkeit zu dem sozialen Körper fordert, werden Lokalisierbarkeit, Identifizierbarkeit, Ansprechbarkeit, Motivierbarkeit erkannt; s. den einschlägigen Exkurs in Macho (1987), S. 195-233.

[142] In Machos Studie wird die Bedeutung der Metapher hauptsächlich mit Übe rlegungen Blumenbergs autorisiert, s. ebd. S. 180-189.

Mit der Konstruktion einer Todeserfahrung oder einer Behauptung des Wissens um den Tod als a priori hält sich Améry wohlweislich zurück. Die Bedrohung durch den Tod, das Sterbenmüssen, scheint für den Betroffenen so gewaltsam, unnatürlich, wie für den Nicht-Betroffenen natürlich. Die Grenze des Todes bleibt unberührt. Doch der den Freitod Anstrebende ist ja bereits Grenzgänger, er verläßt den sozialen Körper, insofern Ansprechbarkeit oder Motivierbarkeit des von der Lebenslogik Abgesprungenen vermindert sind oder fehlen. Für ihn, den Isolierten, stellt sich dringlich die Frage nach der Beziehung von Leib und Ich; die gewöhnlich die Synthese von Leib und Individualität leistende Sozietät fehlt, der herannahende Tod erzwingt aber unerbittlich die Besinnung auf das Ich beziehungsweise das Verhältnis von Leib und Ich ('Spiegel-Situation'). Für den Außenstehenden, seiner selbst im sozialen Körper sicher, bietet der Suizidant ein unverständliches Bild (Metapher des finsteren Raumes). Das den Nicht-Betroffenen verschlossene Erleben korrespondiert mit der Schwärze, traditionell Ausdruck der Grenzerfahrung durch fehlende Lokalisierbarkeit und Identifizierbarkeit. Damit ist der Suizidant in die Nähe des Todes gerückt, die Metapher der undurchdringlichen Schwärze wie der Kommunikationsabbruch eignen dem Selbstmörder und dem Toten. Um die fremde Situation zu ergründen, muß der Essayist sich auf den verstörenden Bruch mit dem sozialen Körper einlassen, zudem eine neue Mitteilungsform für seine so erworbenen Kenntnisse finden. Wenn er dafür das 'Auge des Nachtvogels' einfordert, greift er ein traditionelles Symbol für den (institutionell genehmigten) Grenzübertritt auf.[143] Die Sichtweise des Vogels ist erkauft mit dem Verlust der geläufigen Rede, die animalitas verlangt als Opfer die Sprache des sozialen Körpers.

Amérys Meditationen lassen sich mit Machos Reflexionen in einen Verstehenszusammenhang bringen, ohne dem Diskurs Gewalt anzutun. Das mag als Anstoß zu weiteren Überlegungen gelten. Die Erklärung Machos, die den Tod qua Metaphorik als wesentlich soziale Beziehung begreift, wird für das Verstehen des Burgerschen Textes erneut nützlich. Doch jetzt soll die Untersuchung der Meditationen mit dem Gesichtspunkt Intertextualität abgeschlossen werden.

2.3. Intertextualität

Schon im vorigen Kapitel wurde die Möglichkeit intertextueller Aufladung am Beispiel der Metapher verdeutlicht. Zwei Gefahren gilt es bei der Behandlung der Intertextualität zu bannen: die Verirrung in literaturtheoretisch unabschließbare

---

[143] Ebd. S. 224f., 397f.

Auseinandersetzungen und die dort mitunter ausufernde Terminologie. So sei für unsere Zwecke als Anhaltspunkt der von Broich und Pfister herausgegebene Sammelband genannt.[144] Der dort spezifizierte Intertextualitätsbegriff versucht den engeren - leichter operationalisierbaren - der hermeneutischen Theorie mit dem allumfassenden Intertext Kristevas und ihrer Nachfolger zu vereinen, ohne ein Übermaß an Begriffen einzuführen.[145] Die zu diesem Zweck von Pfister genannten (qualitativen und quantitativen) Kriterien für die Skalierung von Intertextualität werden in seinem Sinne als heuristische Hilfe verwendet, erscheinen also im folgenden nicht als oktroyiertes Schema. Das kommunikationstheoretische Modell, das diese besondere Intertextualitätstheorie stützt, verlangt vom Autor intendierte Intertextualität, die eine Sinnkomplexion des Textes nach sich zieht und deren Markierung dem Leser Erkennbarkeit sichert; Bestimmungen, die, wie sich am Ende der vorliegenden Untersuchung zeigt, von den Texten in Frage gestellt oder gänzlich hintertrieben werden können. Das soll als literaturtheoretische Vorbemerkung, die auch für die Analyse des Burgerschen Selbstmordtraktats gültig bleibt, genügen.

Der Aufmerksamkeit des Lesers ist zuerst der Nebentext (Paratext) besonders empfohlen: (Titel,) Untertitel, Motto. In Amérys Essay verweist der Untertitel 'Diskurs über den Freitod' auf „ die klassische Titelschrift der französischen Aufklärer: Discour de la ...";[146] der Hinweis auf Eigenschaften einer ganzen Textklasse (Systemreferenz) bleibt jedoch punktuell, nennt keine den ganzen Meditationen zugrundeliegende Struktur. Betont wird die Ausrichtung, der aufklärerische Impetus begegnet als Amérys 'humanistischer' Einsatz. Das Wittgensteins „Tractatus logico-philosophicus" entnommene Motto nennt die fundamentale Schreibprämisse: die unüberwindbare Kluft zwischen Ich und Anderem, die Erfahrung des Unglücklichen in strikter Trennung zu derjenigen des glücklichen Lebenstüchtigen, kurz: als Eröffnung das zugrundeliegende Kontrastprinzip. Im vorletzten Kapitel wird, im Rahmen der Untersuchung der suizidären 'Botschaft', eine Klammer zum Motto hergestellt.[147] Ferner ist der frühe

---

[144] Broich/Pfister (1985), die im folgenden verwendete Begrifflichkeit orientiert sich also an den hier zusammengestellten Forschungsbeiträgen.

[145] Zum Intertextualitätsbegriff s. den grundlegenden Einleitungsaufsatz von Pfister, ebd. S. 1-30; Pfisters Ansatz wird in den nachfolgenden Beiträgen modifiziert und in Beispielanalysen erprobt. Vgl. einführend zum die Intertextualitätsdiskussion beherrschenden methodischen Gegensatz von (traditioneller) Hermeneutik und Poststrukturalismus z. B. Kimmich/Renner/Stiegler (1996), S. 327-359, oder auch Aczels Artikel „Intertextualitätstheorien und Intertextualität" in Nünning (1998), S. 241-243.

[146] Pfäfflin (1982), S. 11.

[147] Améry (1994b), S. 115f., 126.

Wittgenstein als Vertreter einer streng logischen Sprachkonzeption (Vorbild der 'formalen' Sprache für die ' normale' Sprache) im Essay präsent.[148] Darüber hinaus mag Améry sein Vorhaben auch mutatis mutandis in der Tradition des Sprachphilosophen sehen, den er in einem anderen Text als Denker charakterisierte, der „ständig und in kreisenden Bewegungen sich dem Unsagbaren annäherte und es - vielleicht wider Willen - aussprach."[149]

Im Vorwort stellt der Essayist eine Verbindung zu eigenen früheren Arbeiten her, der auto-intertextuelle Bezug erklärt das methodologisch Beibehaltene, prägende Einflüsse aus Philosophie und Psychologie werden aufgezählt. Allen voran ist Sartre permanenter Dialogpartner im Nachdenken des Essayisten; seine Anwesenheit ist an Denkfiguren, Begriffen oder Zitaten erkennbar, ebenso deutlich aber auch die Kritik an Sartres Philosophemen. Die phänomenologische Methode wird übernommen, die Philosophie Sartres ist eher Abstoßungspunkt. Zentrale Begriffe, beispielsweise der Ekel, werden anverwandelt oder kurzerhand ins Gegenteil verkehrt, der Ekel vor einem versteinerten Sein in den Ekel vor dem Sein schlechthin, in den jedem Suizid vorgängigen Lebensekel.[150] Verglichen mit Sartres Einfluß ist die Anregung durch Jankelevitch[151] und Baechler[152] gering, auf einzelne Überlegungen beschränkt. Baechlers „Tod durch eigene Hand" hebt zwar die humane Dimension des Selbstmords hervor, damit eine Konzeption des Menschen, die Freiheit, das Recht auf Glück und das Recht auf W würde einschließt; ein ausführlicher Begründungszusammenhang fehlt bei Baechler jedoch. Im Essay erscheint der Wissenschaftler Baechler dementsprechend als Beleg dafür, daß ein Überschreiten der positivistischen Materialanhäufung für ein Verstehen des Suizids unumgänglich ist.

Die Prätexte des (Haupt-)Textes entstammen überwiegend den Wissenschaften Psychologie und Philosophie und der Dichtung. Obwohl Améry seinen Text dezidiert jenseits der Psychologie ansiedelt, benötigt doch schon die angestrebte Abgrenzung eine Berücksichtigung psychologischer Ansätze. Die entsprechenden Konzepte werden kurz referiert, einzelne Begriffe übernommen und verändert - erinnert sei etwa an Freuds Hypothese des Todestriebs. Auch stellt die Psychologie

---

[148] Ebd. S. 34f., 40, 132, 151.
[149] So Améry in einem Rückblick zum 25. Todestag des Philosophen, Améry (1976), S. 991.
[150] Vgl. Boussarts Anmerkungen zu Amérys Auseinandersetzung mit Sartre in „Über das Altern", Boussart (1990).
[151] Angaben zu Jankelevitch bei Boussart, ebd. S. 86f., und vereinzelte Hinweise bei Ariès (1995), s. das Register dort.
[152] Baechler (1981), v. a. die von Améry selbst erwähnte 'Philosophie des Selbstmords' S. 49-52. Die Meditationen behandeln Baechler - im Vorwort fälschlich für das erste Hauptstück avisiert - im zweiten Kapitel, Améry (1994b), S. 52-54, 58.

in den Fallstudien Beispiele bereit, wie Deshaies' Bericht über den seinen Schädel eigenhändig zermalmenden Schmied, die der Essayist aufgreift. So ist die Prominenz psychologischer Suizidologie (beispielsweise Ringel, Stengel, Menninger) vertreten. Die Distanz des essayistischen Vorgehens gegenüber einer den Sachverhalten fremden, Objektivität suggerierenden Begrifflichkeit wird offenkundig. Indem die intertextuellen Bezüge gerade nicht plumpe Ablehnung demonstrieren, erscheint die Psychologie als immerhin mögliche Perspektive, die Eigenständigkeit von Amérys Projekt wird durch die verstreuten Bezüge zur wissenschaftlichen Disziplin nur unterstrichen.

Die Philosophie erfüllt intertextuell andere Funktionen. Natürlich sind Philosopheme zustimmend oder ablehnend in den Fortgang des Diskurses eingelassen, neben dem dominanten Sartre beispielsweise ausdrücklich Heideggers Existenzphilosophie, Schopenhauers Willensbegriff oder Camus' Konzept des Absurden.[153] Doch neben der ausdrücklichen Kommentierung (als Metatext) werden die philosophischen Prätexte oft anspielend erwähnt. Dafür benutzt Améry Titel oder eng mit den Denkern verbundene Kurzformeln, die Bezugnahme ist also allgemein, ohne detaillierte Referenz auf den jeweiligen Prätext. Beispiele für diese Allusionstechnik sind T. Lessings „Geschichte als Sinngebung des Sinnlosen"[154] als Ausdruck des rationalistischen Kulturpessimismus, Mach vertritt mit der Formel vom 'Ich als Bündel von Empfindungen'[155] den Positivismus überhaupt. Die Anspielung kennzeichnet den Schreibenden, konturiert dessen Assoziationsraum; als Appell an den Leser mag sie zu eigenen weiterführenden Reflexionen reizen, wenn Améry zum Beispiel im Zusammenhang mit Macht und Ohnmacht des Subjekts auf Stirners „Der Einzige und sein Eigentum"[156] anspielt. Schließlich ermöglicht das intertextuelle Verfahren auch Polemik gegen mißliebige Philosophien: dann bietet der Entschluß zum Suizid dem Einzelnen einen Ausweg aus der „Ordnung der Dinge"[157] oder ermöglicht rückschauend die Erkenntnis, „es war das Ganze das Unwahre"[158] - Spott über den befeindeten Strukturalismus Foucaults beziehungsweise die Negative Dialektik Adornos. Ferner sei die enge Verknüpfung von philosophischem Werk und

---

[153] Améry (1994b), explizit z. B. zu Heidegger S. 95, zu Schopenhauer S. 81 und 153, zu Camus S. 145. Vgl. übrigens zum Verhältnis von Améry und Camus: Schwendter (1990), Fiero (1997), S. 154.
[154] Améry (1994b), S. 146; vgl. Brandenburg zum Rückgriff auf T. Lessing, Brandenburg (1990a), S. 67.
[155] Améry (1994b), (markiert durch Anführungszeichen) S. 43, 77.
[156] Ebd. S. 69.
[157] Ebd. S. 124 (als Anspielung auf den Titel der deutschen Übersetzung).
[158] Ebd. S. 154.

der Biographie des D enkers vermerkt, besonders auffällig im Urteil über Landsberg;[159] diese Verbindung wird bei Betrachtung der poetischen Prätexte noch deutlicher. Als Zwischenergebnis läßt sich festhalten, daß die psychologischen und philosophischen Vorlagen zusätzliche (bisweilen konträre) Sichtweisen auf die zu untersuchende Befindlichkeit bieten, der Essayist seine Ausführungen als eine Möglichkeit der Betrachtung vorstellt, damit bei aller Polemik und Überzeugungsarbeit relativiert.

Die Dichtung nimmt unter den Prätexten eine Sonderstellung ein. Sie ist erstens für Amérys Assoziationstechnik notwendig, zweitens wird ihr die gewichtige Funktion der suggestiven Vermittlung zugestanden und drittens verlangt sie eine (näher zu bestimmende) Literaturkritik. Die fiktionalen deutschen und französischen Texte werden beispielsweise durch Titel (oder bekannte Textpassagen) in den Diskurs eingefügt, etwa Bachmanns „Todesarten"[160] (mit der Kennzeichnung als spontane Assoziation des Verfassers) oder Bazins „La tête contre les murs".[161] Speziell die 'kanonisierte' deutschsprachige Literatur nutzt der Essayist für Allusionen: „Faust" (Vers 784) wird durch Umkehrung parodiert, indem die abgewehrte Versuchung des Suizids nun gerade auf die Bestattung des Selbstmörders bezogen wird - „[d]ie Erde wird ihn haben";[162] „Hyperions Schicksalslied" (Vers 22/23) wird auf der Suche nach dem Ich aufgerufen,[163] die Rettung in „Patmos" (Vers 3/4) kalauernd negiert[164] oder „An die Parzen" (Vers 11/12) für die Euphorie des Suizidanten und entsprechend abschätzig-negierend für die Nicht-Betroffenen verwendet;[165] die trostlose Lage des im Zweifel Befangenen, der die Möglichkeit zum Freitod verstreichen ließ, schildert der Schlußsatz von Büchners „Lenz"-Erzählung.[166] Doch nicht nur die 'kanonisierte', für den Leser leicht auszumachende Literatur ist Prätext, alle Stufen der Kommunikativität zwischen Autor und Leser sind im Diskurs zu finden: so spart der Essayist mitunter nicht an Hinweisen zur Ermittlung einer Vorlage, montiert aber in den Essay auch Textpartien, die wohl nur für einen kleinen Leserkreis auf Anhieb erkennbar sind, die die persönliche Assoziation des Schreibenden spiegeln.[167] Als

---

[159] Ebd. S. 100f.
[160] Ebd. S. 70, 88.
[161] Ebd. S. 24.
[162] Ebd. S. 84, wiederholt S. 86 - Textbeleg Goethe (1998), S. 31.
[163] Améry (1994b), S. 77 - Textbeleg Hölderlin (1984), S. 44f.
[164] Améry (1994b), S. 95 - Textbeleg Hölderlin (1984), S. 176-183.
[165] Améry (1994b), S. 137 - Textbeleg Hölderlin (1984), S. 36f.
[166] Améry (1994b), S. 137 - Textbeleg Büchner (1992), S. 158.
[167] Ein Beispiel gibt die Zitation von Beer-Hofmann, Améry (1994b), S. 119, 143. Für den mit Amérys literaturkritischen Arbeiten Vertrauten sind auch diese Bezüge, die einem klar

Funktion der Anspielungen läßt sich demnach festhalten, daß sie als deutlich erkennbare - im Dienst der Polemik oder zu ähnlichem Zweck eingesetzt - Kommunikation zwischen Autor und Leser bezeugen, aber auch als versteckte das individuelle Bezugssystem des Essayisten charakterisieren, seine Assoziationen abbilden.

Auffallend ist die enge Verknüpfung von Werk und Dichterbiographie. Das Leben als Kommentar der Dichtung, gar Kriterium der Beurteilung wie im Fall Morgensterns.[168] Das Zurückführen auf die Persönlichkeit, die psychische Verfassung des Schreibenden, wurde ja schon als Erklärung phänomenologischer Beobachtung oder philosophischer Texte genannt (vgl. S. 16f.). Das in dieser Unmittelbarkeit durchaus anzweifelbare Verständnis gilt ebenfalls für den Diskurs, dessen Reflexionen von persönlichen Erfahrungen den Ausgang nehmen. Doch zeichne sich die Dichtkunst dadurch aus, *daß sie die Mitteilung des 'vécu', des individuellen Erlebens, in der künstlerischen Darstellung ermögliche*. Sie erreicht damit, worum die essayistische Form mit all der Rhapsodik und beharrlichen Kritik ringt. Im ästhetischen Raum ist die Isolation individuellen Erlebens zum Anderen hin überschritten. Am einprägsamsten wird dieses Dichtungsverständnis im Umgang mit Schnitzlers „Leutnant Gustl" demonstriert. Vom Schöpfer dieser - ob ihrer Authentizität, Lebensnähe gerühmten - Erzählung wird behauptet:

> Er stellt das Rätsel [das rätselhafte, weil vom Tod bedrohte Leben, d. Verf.] dahin, weiß aber, daß es uns bedrängt; so ist er ein Zeuge, wohl ausgerüstet, um hier auszusagen, auch das, was er nicht aussagen will, sogar *was sich nicht aussagen läßt* [Hervorhebung vom Verf.].[169]

Die Dichtung wird mit dem Prädikat 'wahr' versehen, wenn sie das Erleben der Figuren nicht deutet, sondern authentisch darstellt. Weitere Erklärungen zur Mimesis, zu dieser Wahrhaftigkeit der Figuren, fehlen. Mit dem angeführten Zitat wird ipsoreflexiv Intertextualität begründet: die Suggestion des 'vécu' erfolgt im gelungenen Werk - wenn also im Diskurs wiederholt der innere Monolog der Figur Gustl evoziert wird,[170] möchte der Essay gerade an dieser Suggestion teilhaben. Doch das Postulat der wahren Dichtung ist noch nicht vollständig: vernommen wird die Botschaft der Dichtung nur von einem einfühlenden Rezipienten. Mit der Einfühlungshermeneutik, die Améry am Beispiel des „Leutnant Gustl" oder „Freund Hein" vorzuführen bemüht ist, wird zugleich eine Anleitung für die Lektüre des Diskurses

---

eingrenzbaren Textfundus entnommen sind, leicht wiedererkennbar; im genannten Fall Beer-Hofmanns wäre der Aufsatz „Inmitten des alten Wien. Arthur Schnitzler" einschlägig, Améry (1981), S. 143.

[168] Améry (1994*b*), S. 36.
[169] Ebd. S. 34.
[170] Ebd. z. B. S. 18f., 25f., 35, 53, 134.

gegeben. Auch hier - auf dem Gebiet nicht-fiktionaler Literatur - soll der Leser einfühlend den Schwellenübertritt in das Erleben des Suizidanten mitvollziehen. (An dieser Stelle kann ein H inweis auf die auffallende Beispielhaftigkeit nicht unterbleiben, die auch in den klassischen psychologischen Arbeiten der fiktionalen Literatur beziehungsweise dem Lebensgang des Künstlers - mit welcher Begründung auch immer - eingeräumt wird.)

Heißenbüttel hat mit Blick auf Amérys Werk die literarische Erfindung als Alternative zum Suizid genannt. Literatur als Freiraum eines bedrohten Subjekts.

> Der Gegenposition des Suizid [die das ei ner Welt ohne Verhei ßung ausgelieferte Subjekt einnimmt, d. Verf.] stellte er die Gegenposition der Ästhetik g egenüber. Wenn die metaphysische Macht ihr Ge wicht verloren hat, läßt sich doch die imaginäre Jenseitigkeit der künstlerischen und literarischen Erfindung als anderer 'Weg ins Freie' erkennen.[171]

Eine Gegenposition, die A méry besonders augenfällig in seinem letzten Werk „Charles Bovary" und der Proj ekt gebliebenen Novelle „Unterwegs nach Oudenaarde" auszuloten trachtet. Angelegt ist die G egenposition auch in den Meditationen; sie rechtfertigt dort - in er ster Linie zur Vermittlung des 'vécu' - die Intertextualität, Améry demonstriert die seinem Literaturverständnis entsprechende und auch selbstbezüglich auf den Diskurs anzuwendende Rezeptionsweise.

Ein letzter Aspekt. Unschwer erkennt man im Diskurs mit seiner Kommentierung der Vorlagen, seinen A nspielungen, dem Hinweis auf heute weithin vergessene Dichter eine bestimmte Literaturkritik. Wie gezeigt, profitiert der E ssayist in seinen Anspielungen selbst von einem als bei de r Leserschaft bekannt vorausgesetzten 'Literaturkanon'. Er erhebt zugleich - freilich aussichtslos - E inspruch gegen die Unerbittlichkeit des Z eitlaufs zugunsten der V ernachlässigten, derjenigen, die sich weniger erfolgreich in die Literaturgeschichte einschreiben konnten. In der Wendung gegen einen von der Mehrheit getragenen 'Kanon', der die Belanglosigkeit des einzelnen Ausgeschlossenen vor Augen führt, läßt sich eine Parallele zu den Ausführungen zugunsten des abweichenden Suizidanten erkennen.

Amérys Text, sein A nspruch, seine problematische Redesituation und seine Lösungsversuche sind vorgestellt. Wenn im Zusammenhang mit diesen erprobten Mitteilungsformen gerade die D ichtung solche Hochschätzung erfährt, was liegt da näher, als im folgenden einen poetischen T ext zu untersuchen; m an wird unter anderem sehen, inwieweit Burgers T ext dem Postulat der ästhetischen Gegenposition, der durch Kunst ermöglichten Verständigung zustimmt.

---

[171] Heißenbüttel (1988), S. 6. Vgl. an Heißenbüttels Rede anknüpfend Tunner (1996), S. 259f., und Fiero (1997), S. 117f.

3. Hermann Burgers „Tractatus logico-suicidalis"

In Burgers Schaffen nim mt der „Tractatus logico-suicidalis" eine solitäre Stellung ein. Weder der seit dem Roman „Schilten" bevorzugten kafkaesken Briefprosa noch der proklamierten neuen Ä sthetik der „Brenner"-Romane gehört er zu. Daß Burger die Traktatform versuchsweise erarbeitet hat, läßt sich durch das im Nachlaß befindliche Material belegen.[172] Generell kann man den T od als Sujet der m eisten Texte erkennen, speziell der Freitod rückt zusehends in den Vordergrund: vom Randmotiv, dem vermuteten Selbstmord Haberstichs in „ Schilten", zur V ersuchung Wolfram Schöllkopfs in der „ Künstliche[n] Mutter" oder der Suizidneigung des depressiven Briefstellers in „Blankenburg", schließlich zum parabelhaften Suizid eines Wasserfalls in der „Wasserfallfinsternis von Badgastein". Vor einer derartigen L iste wird leicht übersehen, daß die bloße Erwähnung noch keinerlei Thematisierung zwingend vorschreibt. Auch in dem ihm ausdrücklich gewidmeten Traktat wird der Selbstmord nicht unbedingt als O ption der L ebenswelt behandelt, vielmehr - in ästhetischem Kontext - zur Provokation eingesetzt, um ein Beispiel zu geben, grotesk zum Ausdrucksmittel neben Kunst und Zauberei erklärt. Wie im Fall Amérys ist auch hier der Selbstmord Auslöser einer D iskussion der V erständigung, präziser: *während Amérys Text an der G renze der Mitteilbarkeit arbeitet, demonstriert Burgers Text das Scheitern der Kommunikation.*

Die Kritik reagierte auf den Traktat mit einer gewissen Oberflächlichkeit: da wurde dem Autor stereotyp ein philosophischer Kommentar der reißerischen V orgabe Selbstmord (und ihrer vielen literarischen Bearbeitungen) bescheinigt, nur vereinzelt der Vorwurf der T rivialität und des w illkürlichen Mißbrauchs der gew ichtigen Prätexte erhoben.[173] Als Musterbeispiel der Hilflosigkeit kann der dem Traktat beigegebene Klappentext gelten, der die A usführungen kurzerhand und ohne Einschränkung zum ex negativo-Plädoyer für Leben und Kunst erklärt![174] Doch auch die germanistische Forschung behandelte de n Traktat, sofern sie ihn überhaupt untersuchte, bisher stiefm ütterlich, obwohl in diesem Text einmal sogar zaghaft

---

[172] Im Schweizerischen Literaturarchiv (SLA), Bern, findet man fünf Vari anten der schließlich publizierten Fassung des numerierten Trakta tteils und zwei Variante n der vorangestellten Herausgeberfiktion, ferner ar chivierte Recherchematerialien Burgers. Schweizerisches Literaturarchiv (SLA), Bern. Signatur A-01-13 und A-01-17.

[173] Exemplarisch stehen sich innerhalb der Rezensionen das Urteil vom „brillanten Essay über den Selbstmord", Wittwer (1988), und das Verdikt als blasses Assozi ationsspiel eines Vielbelesenen, Schirrmacher (1988), gegenüber.

[174] Klappentext ohne Kennung, Burger (1988*b*). Bemerkt wird dieses ab strus vereinfachende Urteil auch von Horstmann (1988), Zeltner (1988*a*) und White (1991), S. 201 (Anm. 9).

fragend „das geheime Hauptwerk Burgers"[175] vermutet wurde. Häufig bleibt in den sekundärliterarischen Texten lautstark die Stim me des Autors vernehmbar. Da Burger viele seiner W erke in E ssays selbst auslegte und auch m it der Frankfurter Poetik-Vorlesung eine ausf ührliche Selbstinterpretation anbot, ist sein Selbstverständnis einflußreich.[176] Dennoch soll im folgenden versucht w erden, eine von Burgers Explikationen unabhängige Positi on zu gew innen - vielm ehr kann gerade der Zwang zur ständigen E rklärung des Vorgetragenen als Textmerkmal Objekt der Analyse werden.

Die überbordende Intertextualität de s Traktats ist unübersehbar. Das ständige Verweisen auf die diversen Vorlagen macht in der fo lgenden Analyse ein strikt isoliertes Behandeln des Merkm als Intertextualität unmöglich, auch für die U ntersuchung von Textsorte und Spiegelungen ha ben die Beziehungen zw ischen Texten herausragende Bedeutung.

3.1. Textsorte - Probleme zur Einstimmung

Wichtige Kennzeichen des Trak tats werden bereits beim Versuch, die Textsorte zu bestimmen, hervorgehoben. Vorweggenommen sei, daß sich der Text keiner geläufigen Kategorie problemlos zuordnen läßt. Am zutreffendsten ist die m it Vagheit erkaufte Rubrizierung als Sammlung von erzählerischen, dem Aphorismus ähnelnden Fragmenten.[177]

Z uerst zum Paratext. Der mit dem Titel aufgerufene „ Tractatus logico-philosophicus" erweist sich nicht als te xtkonstituierende Folie, von ihm wird allein die Gliederung in Paragra phen übernommen (ohne aber die numerierten Segmente im Dezimalsystem zu hierarchisieren).[178] Vielleicht soll der Titel ja nur allgemein die

---

[175] Stocker (1992), S. 153.

[176] Vgl. neben den z ahlreichen gewährten und folglich gelenkten Blicken in die Schreibwerkstatt - z. B. in den entsprechenden Essays in Burger (1987) - die Selbstauslegungen in Burgers Poetik-Vorlesung, Burger (1990a), und den knappen poetolog ischen Abriß im Gespräch mit Paschek, Paschek (1986), S. 46-50.

[177] *Im folgenden wird bei indirekten Zitaten nurmehr die Nummer des Fr agments angegeben, Nr. x = Burger (1988b), Fragment Nr. x, bei direkten ist die betreffende Nummer wie im Original durch Fettsatz hervorgehoben,* **Nr. x** *mit Zitattext = Burger (1988b), Fragment Nr. x .* Die im Text selbst angeregte Bezeichnung der Notate als „Totologismen, Mortologismen oder Suizidalismen" findet man in Nr. 768.

[178] Wittgensteins Werk und L eben sind dann auch im eigentlichen Traktatteil Vorlage, allerdings ohne exponierte Stellung; z. B. Nr. 16, Nr. 200, Nr. 1025 - als Anreg ung mögen Amérys Motto und Kommentare g edient haben. Vg l. zum Bezug auf Wittg ensteins Vita Macho (1987), S. 139f. Die oberflächliche Referenz auf Wittgenstein wird auch von Großpietsch (1994), S. 199, und Schön (1997), S. 28 (Anm. 104), notiert; als Parallele wird noch Wittg ensteins Problema-

Textsorte Traktat anzeigen, schließlich legt auch der Untertitel „Über die Selbsttötung" einen expositorischen Text, eine wissenschaftliche Behandlung (tractatus) nahe.[179] Die Fiktionalität macht natürlich eine solche Zurechnung zu den literarischen Zweckformen unmöglich. Dieser Einwand wird ohne Zögern vorgebracht, obwohl sich Burgers Text nicht problemlos zum poetischen Diskurs zählen läßt. Indizien für Fiktionalität liefert vor allem die Konfrontation der Fragmente mit der ihnen vorangestellten Einleitung. Zwischen der im Prolog entworfenen Herausgeberfiktion und der Erzählinstanz der Fragmente lassen sich Spiegelungen aufzeigen, die auch die Schriftstellerfigur Hermann Burger als Rolle in einem Netz verbundener Subjektmodelle kenntlich machen (ausführlich im nächsten Kapitel; die Begrifflichkeit des 'Erzählers' beziehungsweise des 'Erzählens' wird beibehalten, auch wenn, ja gerade weil sich auf diese Weise die Besonderheiten des Textes als allmähliches Untergraben einer eindeutig konturierten Erzählinstanz respektive eines mitteilenden Erzählens drastisch offenbaren). Zweifelsohne bemüht sich der Traktat, die Grenze zwischen Realität und Fiktion zu verwischen. In parodierender Absicht sind Merkmale wissenschaftlicher Prosa im Text verstreut, zum Beispiel Querverweise, Quellenangaben, Definitionen - der Erzähler selbst macht auf die (pseudo-)wissenschaftliche Form aufmerksam.[180] Diese Anzeichen für Diskursivität sind in einen nur vage zusammenhängenden Kontext eingebracht, der keinerlei logischen Anforderungen Genüge leistet. Das führt zur Frage nach der Verknüpfung, der Kohärenz. Zur Illustration sei eine beliebige Sequenz der Fragmente herausgegriffen, hier Nr. 37-41:

37 Freud nennt diesen Trieb in seiner epochalen totologischen Schrift 'Jenseits des Lustprinzips' 'Todestrieb'.

38 Der Selbstmörder befindet sich immer jenseits des Lustprinzips.

---

tisierung der Sprachgrenze knapp angedeutet, Großpietsch (1994), S. 222 (Anm. 11). Vgl. außerdem Hoff (in fragwürdigem argumentativen Vorgehen) zu Burgers Spiel mit der durch den Prätext aufgerufenen Hoffnung auf logische Erklärbarkeit, Hoff (1994), S. 269. Zahlreiche Rezensionen glauben ferner einen Wittgensteinschen Lakonismus in Burgers Sprache auszumachen, z. B. Obermüller (1988), Wittwer (1988) - sprachliche Verknappung wohl, ohne die logische Tektonik des philosophischen Prätextes hat diese Übereinstimmung nur geringe Prägnanz.

[179] Damit würde sich Burger in eine literarische Tradition einreihen, fand doch die engagierte Diskussion über den Selbstmord seit der Renaissance in Streitschriften statt; auch der satirische Traktat zu diesem Thema blickt auf eine Ahnenreihe zurück, als deren Mitglied beispielsweise William Withers' „Kunst des Selbstmords" von 1711 genannt sei, s. Minois (1996), S. 275. In Nachahmung der Traktatform ist übrigens auch eine Nachruf-Montage auf Burger von Fritz Hahn gestaltet, Hahn (1990).

[180] Z. B.: „Wir, um in diesem 'Tractatus' von uns zu sprechen - damit sprengen wir den strengen Rahmen der Form [...]" (Nr. 125).

39 Freud unterscheidet streng zwischen Ichtrieben, das sind die Todestriebe, und Sexualtrieben, also Lebenstrieben. Es g ibt aber auch eine Todessexualität, eine Todeslibido, die Sehnsucht nach einer Vereinigung mit dem Tod. Siehe Edvard Munch.

40 Nach F reuds Annahme rühren die I ch-Triebe von der B elebung der unbelebten Materie her und tendieren dazu, die Unbelebtheit wieder herzustellen.

41 Das Ziel allen Lebens ist der Tod, das Leben ist der Tod im Narrenkleid, das Leblose war früher da als das Lebende, der Todestrieb strebt eine Restituierung des Archaischen an.

Die erzählerische Verbindung der Textfragmente ist offensichtlich. Fragment Nr. 37 nimmt das Subj ekt des vorhergehenden durch ein anaphorisches D emonstrativpronomen auf und bietet m it dem Titel der Arbeit Freuds das zugrundeliegende Thema. Als Rhema fokussiert N r. 38 den Selbstm örder, Nr. 39 kom mentiert eigenwillig, Nr. 40 beschränkt sich (scheinbar) auf Wiedergabe der Freudschen Q uelle. Das folgende Fragm ent Nr. 41 bringt ei ne pointiert-einseitige Paraphrase; die in besagtem Fragment apodiktisch getroffe ne Feststellung scheint als Folgerung aus dem zuvor Gesagten hervorzugehen. Syntaktische Kohäsion, meist auch semantische Kohärenz, bewirkt also einen Zusammenhalt der Fragmente, womit noch nichts über die logische Stimmigkeit ausgesagt ist. Was gerade m ikrologisch vorgeführt wurde, läßt sich auch m it Blick auf den gesam ten Traktat bestätigen, Leitmotive und (zum Teil wortgetreue) Wiederholungen sind das auffälligste Z eichen der V erbundenheit.[181]

Daß sich einzelne Fragm ente aus ih rem sprachlichen Um feld herauslösen lassen und dennoch verw eisungsfähig bleiben, bringt immer wieder die K ategorie des Aphorismus in der D iskussion der T extsorte auf. In der ausgewählten Textpassage wäre etwa Nr. 38 isolierbar. Doch sollten die literaturwissenschaftlichen Kategorien hier nicht übereilt angew endet werden. Solange als A phorismus umgangssprachlich die pointierte Form ulierung eines E infalls bezeichnet wird, mag man hier zu Recht von Aphorismen oder auch von Bonm ots und Aperçus sprechen. Ein literaturwissenschaftlich hinreichend di fferenzierter Textsortenbegriff ist damit nicht erfüllt. Da am Aphorismus-Prädikat dennoch hartn äckig festgehalten w ird, einige A nmerkungen. Eine für unsere Belange ausreich ende Definition des A phorismus liefert Fricke.

---

[181] Als Leitmotiv sei beispielsweise die J ean Paul entlehnte „Leichengruft des All" in Nr. 142, Nr. 361, Nr. 653, Nr. 863 genannt, als (unveränderte) Wiederholung Nr. 24 - Nr. 526.

Ein Aphorismus ist ein kotextuell isoliertes Element einer Kette von schriftlichen Sachprosatexten, das in einem verweisung sfähigen Einzelsatz bzw. in konz iser Weise formuliert oder auch sprachlich bzw. sachlich pointiert ist.[182]

Die obligatorischen A nforderungen Isolation und N icht-Fiktionalität der Elemente wurden bezüglich Burgers T ext schon verneint. Von den wahlweise genannten zusätzlichen Kennzeichen läßt sich ei ne bisweilen humorvoll-makabre Behandlung des Themas sicherlich zugestehen, sprachlicher Witz und das Groteske sind Bestandteil des Traktats. Doch ist für unsere A nalyse ein anderes der genannten Merkm ale, die *Konzision*, interessant. Burgers Text offeriert zwar eine unüberschaubare Fülle an Prätexten, doch ist der *Appell an den Leser* fraglich. Statt durch torsohafte 'Zerstückelung' der V orlagen den Leser zum Nachdenken zu nötigen, scheint das einzelne Fragment bereits vollständig, wehrt apodiktisch vorgebracht jede herangetragene Reflexion ab. So w ird die aphoristische Rhetorik des V erschweigens zur Rhetorik der Redundanz verkehrt, die ein Nach- und W eiterdenken des Lesers erübrigt. Hierzu sei noch einm al auf den zitierten T extabschnitt (Nr. 37-41) verwiesen, in dem die pointierte Referenz auf die und die Auslegung der Freudschen Todestrieb-Hypothese zwar Widerspruch provozieren kann, dem Leser jedoch kaum weitere Reflexionsanreize bietet. Die selbstgenügsame Apodiktik, die versuchte Absicherung gegen jede zusätzliche, fremde Verständnismöglichkeit wird als Eigenschaft des Erzählers sichtbar.

D aß sich den vorgebrachten E inwänden trotzend das U rteil des aphoristischen Traktats wohl fortsetzt, mag auch auf intertextuellen Beziehungen beruhen: der Traktat nimmt beispielsweise auf Cioran und dam it auf einen der großen modernen Aphoristiker Bezug (- dessen A phorismen verändern im Posttext natürlich ihre Beschaffenheit). Auch der frühe Wittgenstein wird oft fälschlich - j a der streng logischen Form Hohn sprechend - als A phoristiker bezeichnet.[183] Vielleicht erinnert die forcierte Intertextualität an A pophthegmata-Sammlungen, damit an einen Vorläufer des Aphorismus, oder das Merk mal Ipsoreflexivität w ird mit Aphoristik (etwa frühromantischer Manier) verbunden.[184]

D a der E rzähler im Traktat den Gestus eines keinerlei Widerspruch duldenden Lehrers annimmt, mag auch eine Best immung der Fragm ente als Maximen oder

---

[182] Fricke (1984), S. 18. Dort findet man auch einen kommentierenden F orschungsüberblick zur Textsorte Aphorismus, s. ebd. S. 1-7.

[183] S. zu diesem Fehlurteil ebd. S. 45.

[184] Beispielsweise verbindet Gr oßpietsch die frag mentarische Form mit der F rühromantik, den - intertextuell präsenten - F ragmenten des Novalis (nebenbei: dort handelt es sich um Aphorismen im engeren Sinne). In ihrer Textsortenbestimmung stellt sie vorsichtig eine Mischung von Definitionen, Aphorismen, Bonmots u. ä. fest, s. Großpietsch (1994), S. 219.

Gnomen (beziehungsweise im fiktionalen Kontext eingebettet: Sentenzen) naheliegen; doch wird im Verlauf der Analyse immer deutlicher werden, wie schlecht es um die Verallgemeinerungsfähigkeit der Notate bestellt ist. Die inhaltliche Zustimmung des Lesers wird entbehrlich, wenn schon die Textstruktur eine Beteiligung, eine Einbeziehung unmöglich zu machen sucht. Die Erörterung der Textsorte führte also, ohne mit einem eindeutigen Prädikat zu enden, zur Problematisierung der Momente Fiktionalität, Kohärenz und - verhinderte - Appellstruktur des Textes, die jetzt genauer betrachtet werden.

3.2. Spiegelungen
3.2.1. Rollen

Für diese Untersuchung ist es zuvörderst notwendig, sich über die Erzählsituation zu verständigen. Unter Zuhilfenahme der gängigen rezeptionsästhetischen Begrifflichkeit läßt sich die Erzählsituation folgendermaßen beschreiben: neben der Position des realen und der des abstrakten Autors lassen sich zwei explizit-fiktive Autorinstanzen unterscheiden - zum einen der Autor (A1) der Einleitung, der in seiner Figur Hermann Burger den Autor der später folgenden Fragmente charakterisiert und für die Herausgabe des Textes verantwortlich ist, zum anderen der Autor (A2), wie er sich dann in den Fragmenten zu erkennen gibt. Von dieser Unterscheidung ausgehend lassen sich die Beziehungen zwischen den Autorinstanzen, die Folgen für Text und Leser bestimmen.

Zunächst zur Einleitung, die im Entwurfsstadium den Titel „Fahndungsnacht in Göschenen" trug.[185] Der Autor (A1) berichtet in diesem - formal zu einem Satz geeinten - Text von der Suche nach der irrtümlich des Selbstmords verdächtigten Figur Hermann Burger. Die epistemologische Gewähr des Erzählers stützt sich auf Augenzeugen, Protokolle, die Lektüre der auf Figurenebene verhandelten Texte. Erzählt wird unter Vorbehalt. Vom Anheben des Erzählens an mit der konzessiven Konjunktion 'obwohl' ist die Suchhandlung als überflüssig gekennzeichnet, unterstützt durch bisweilen konjunktivischen Modus oder Phrasen wie „der mittelfristig Verschollene".[186] Damit ist die Umkehrung, eine zentrale Figur des Traktats, bereits

---

[185] Burger (1988*b*), S. 7-18. Von dem ursprünglichen Text „Fahndungsnacht in Göschenen" sind zwei ausgeführte Fassungen (und ein zugehöriges Fragment) erhalten. Sie unterscheiden sich nur geringfügig, etwa in der Absatzmarkierung, von dem schließlich publizierten Text, s. Hermann Burger: „Fahndungsnacht in Göschenen". Unveröffentlicht. Schweizerisches Literaturarchiv (SLA), Bern. Signatur A-01-17.

[186] Burger (1988*b*), S. 7.

in der einleitenden Erzählung sichtbar. Vom ersten Wort an entlarvt die Omniszienz des Erzählers das handlungstragende Wissen der Figurenebene als illusionär. Deshalb nimmt auch der Leser, auf den fiktiven Autor als Gewährsmann für Informationen - ohne gegensätzliche warnende Hinweise - vertrauend, ein bloß mittelbares Verhältnis zur geschilderten Handlung ein.

Besonders forciert ist die Übereinstimmung von realem Autor und der Figur Hermann Burger, deren Identität durch die Paßkontrolle nachgerade offiziös belegt wird. Das Spiel mit Fiktionalität, die Verwirrung der realen Autor- und der Figurenposition deutet scheinbar dokumentarischen Status an (für den Text als unmittelbare Aussage eines Betroffenen bar jeder Fiktionalisierung bliebe der zugehörige Adressat zu ermitteln). Zweifel an der Literatur als Mitteilungsform des Eigensten, eine Funktion, die in Amérys Diskurs noch so leidenschaftlich bejaht wurde, lassen sich auf jeden Fall festhalten. Die klare Unterscheidung von Realität und ästhetischer Fiktion, wobei letzterer die Aussage des unmittelbar Subjektiven zugetraut wird, ist in Burgers Text problematisch, *die auf den ästhetischen Bereich gesetzte Hoffnung ist nur gebrochen erhalten.*

Leicht lassen sich in dem Traktat aber auch Spiegelungen zwischen den Figuren ausmachen, die die Figur Hermann Burger unabhängig von der Referenz auf den realen Autor in der Einleitung verankern. Ort und Personal der Einleitung greifen (auto-intertextuell) auf andere Texte Burgers zurück.[187] Der Schriftsteller, als Protagonist in der Einleitung in erster Linie durch seine Schriften repräsentiert, ist als unbeschwerter Genußmensch charakterisiert, wichtig die Momente der unbefangenen Sexualität und der Kreativität. (Er selbst betont gegenüber den besorgten 'Rettern' die Unterscheidung von Poetizität qua Darstellung und erklärendem Diskurs, forciert die Eigengesetzlichkeit der Kunst.) Mit diesen Eigenschaften bildet die Figur das Gegenstück zur vulgären Sexualität des sarkastisch gezeichneten Kaplan Flurliger oder zum literarischen Dilettantismus von Lehrer Imhasly.[188] Rasch wird die Typizität der Figuren deutlich, von detaillierter psychologischer Ausgestaltung, der literarischen Schöpfung von Persönlichkeiten kann keine Rede sein.

Da die Figuren in ihren Mutmaßungen über den Verbleib des Schriftstellers auf die aufgefundenen Manuskripte, insbesondere den „Tractatus logico-suicidalis" ange-

---

[187] Vgl. beispielsweise den Teil „Kurgast in Göschenen" der „Künstliche[n] Mutter", Burger (1993), S. 38-131; der Figur des Endstotterers Kaplan Flurliger begegnet man als Wunderlin in der zeitgleich mit dem Traktat verfaßten Erzählung „Der Schuß auf die Kanzel", Burger (1988*a*).

[188] Burger (1988*b*), S. 8f., 12 bzw. S. 13.

wiesen sind, werden verschiedene Rezeptionsmöglichkeiten vorgeführt.[189] Auch hier zeigt sich die zentrale Bewegung der Inversion, erfährt der Leser doch *vor* der Lektüre des Traktats schon diverse Lesarten. *Die Lektüre als Aufforderung an den Leser, sich in der Erklärung des Textes zu versuchen oder selbständig sinnstiftend zu wirken, wird textimmanent inszeniert.* Um nur einige Lesarten herauszugreifen: der Kassierer und der Blasmusikdirigent stellen nach der Lektüre der „Diabelli"- Erzählung die Verbindung zur Magie, einen Nexus von Suizid und doublierender Täuschung, her. Kaplan Flurliger schlägt für den Traktat ein Verstehen ex negativo vor, so daß Lebensverachtung kurzum Beleg für Religiosität wird - ähnlich fortgeführt von dem der Lächerlichkeit preisgegebenen Lehrer Imhasly, der den quasi symbolischen Tod des Schriftstellers wie folgt erläutert:

> [...] denn er bringe sich ja [...] durch das Geschriebene tausendfach um, entleibe und entselbste sich durch das Wort, das in der Buchstabenleiche quasi Christum erkennen lerne, de mortuis, auch im lexematischen Bereich, nihil nisi bene [...].[190]

Besonders erfolgreich ist die Auslegung des Gerichtsmediziners, der über die biographischen Enttäuschungen des Vermißten Informationen einholt und die lähmende Depression dem Antrieb zum Suizid entgegenstellt. Er spricht dem Verfasser des Traktats überragende Kenntnis zu, „[...] ein Wissender, der hat, in der Tat, traun fürwahr, hinter die Kulissen geblickt, und er hat verdammt nochmal das Recht, die Hypothese in die Welt zu setzen, daß nicht das Paradies oder das Fegfeuer oder das Nirwana, sondern das ewige Nichtsein auf uns wartet [...]"[191] - mit diesen Worten wehrt er die Vereinnahmungen des Traktats durch alternative Interpretationen ab. Ferner fordert er im Gestus Amérys Verständnis für die Entscheidung des Selbstmörders, den er insbesondere vor einer menschenverachtenden Psychiatrie in Schutz nimmt. Erfolgreich darf diese Deutung genannt werden, da die Figur Hermann Burger die Beschreibung als Kundige, die hinter das täuschende Blendwerk gelangt ist, in ihrem gerade entstehenden autobiographischen Text (wörtlich) übernimmt.[192] Der Figur Hermann Burger sind die Nebenfiguren also kontrastiv oder bestätigend zugeordnet; das geschieht so offensichtlich, *daß die einzelne Figur, der besondere Typus, sich erst im Wechselspiel mit den alternativen Subjektmodellen deutlich erstellt.* Die Ineinssetzung von einer einzelnen Figur mit dem realen Autor

---

[189] Insbesondere Lütkehaus hebt in seiner Rezension die Bedeutung dieser Spiegelungen gebührend hervor, Lütkehaus (1988). Offensichtlich daran anschließend Großpietsch (1994), S. 219, 223; Großpietsch beachtet die Spiegelungen zwischen realem und fiktivem Autor sowie dem Schreibprozeß, nicht aber die Verbindung der Figuren untereinander.

[190] Burger (1988*b*), S. 13.

[191] Ebd. S. 14.

[192] Ebd. S. 18.

wird so durch den Text, der statt individualisierter Figuren eher eine Serie typisierter Merkmalskombinationen bietet, erschwert.

Bisher wurde der Blick ausschließlich auf die Einleitung gerichtet. Wird der eigentliche Traktatteil hinzugenommen, läßt sich ein ähnliches Verweisungsspiel feststellen. In ihrer Diskussion über den Traktat bedienen sich die Figuren bereits derselben intertextuellen Vorlagen (beispielsweise Kaplan Flurliger Jean Pauls „Siebenkäs" oder der Gerichtsmediziner Alvarez' „Der grausame Gott"), die später in den Fragmenten benutzt werden - der literarische Bezugsrahmen der Schriftstellerfigur und der Nebenfiguren sowie des Autors (A2) ist derselbe. Doch zeigt die Gestaltung der Schriftstellerfigur und des angeblich identischen Autors (A2) auch Ungereimtheiten: die Schriftstellerfigur, in sozialer Einbindung (unübersehbar in der unbelasteten sexuellen Beziehung angezeigt) und von Schaffenskraft beflügelt, spricht im Traktat aus dem Zustand der Depression heraus und demonstriert das Scheitern der Verständigung. Der zweite Text, die in Angriff genommene Autobiographie, die dieser Schriftstellerfigur zugesprochen wird, zeigt Übereinstimmungen mit dem Traktat. Die Elemente des in dieser Autobiographie angenommenen Künstlernamens - „Amandus Conte Castello Ferrari" -[193] weisen mit dem Wunsch nach Zuneigung, dem elitären Standesbewußtsein und sogar dem Automobil-Fetischismus auf Momente des Traktats.[194] Im Text selbst wird also die Verfasserfigur deutlich von ihrem poetischen Erzeugnis geschieden und damit ein Signal gegeben, diese Unterscheidung auch auf den Urheber des „Tractatus logico-suicidalis" anzuwenden. Bezeichnenderweise finden die Figuren in der Einleitung die Texte der Burger-Figur ohne namentliche Kennzeichnung. Die veranlaßten Vermutungen über eine Beziehung zum Verhalten des Vermißten münden nach der Entdeckung des Schriftstellers in das nachdrückliche Ersuchen, der wieder Aufgefundene möge sich zu den Texten bekennen. Die derart thematisierte auctoritas macht nochmals auf die Unterscheidung der verschiedenen Autorinstanzen aufmerksam; die naive Forderung, die Authentizität des Kunstwerks anhand der

---

[193] Ebd. Zur Bedeutung dieses sprechenden Namens vgl. z. B. Beckermann (1994), S. 164, Schön (1997), S. 40. (Dort bezieht man sich allerdings auch auf Eigenschaften des realen Autors Burger!) Beckermann vermutet im angekündigten autobiographischen Text (teilweise) das „Brenner"-Projekt, was zumindest die parallelisierbaren Einleitungssätze nahelegen, Beckermann (1994), S. 164. Denkbar wäre auch eine Anspielung auf das unveröffentlichte Fragment „Die Logik eines Selbstmörders. Eine Suizidographie", das den Bestimmungen genügt, indem es sich (der eigenen Aussage nach) als autobiographischer Text um eine Erklärung des Traktats bemüht; vgl. Kap. 3.4, S. 94-98, der vorliegenden Arbeit.

[194] Vgl. beispielsweise die Bitte um 'Placebo-Liebe' Nr. 694-702, das Auserwählungsparadigma des Künstlers oder Wissenschaftlers samt Werk Nr. 305, den Automobil-Fetischismus Nr. 422f.

Übereinstimmung mit dem Leben des Künstlers zu ermitteln, wird im Traktat selbst in ihrer Fragwürdigkeit vorgeführt, ja abgelehnt.

Ein Zwischenergebnis: in der Einleitung ordnet der fiktive Autor (A1) der Schriftstellerfigur Hermann Burger den realen Autor *und* die Nebenfiguren als Spiegelungen zu; zahlreiche Korrespondenzen bestehen zwischen dem Personal der Einleitung - nicht allein der Schriftstellerfigur - und den folgenden Fragmenten, damit dem fiktiven Autor (A2). Bevor der eigentliche Traktat zugänglich gemacht wird, erprobt die Einleitung schon eine Serie von Lesarten. Die Erwartung einer klaren Erzähleridentität beziehungsweise eines durch eine einzige, korrekte Auslegung unumstößlich zu sichernden Textsinns wird somit enttäuscht.

Ein Beispiel für die Bedeutungserzeugung durch das Zusammenspiel der verschiedenen Autorinstanzen. Hinsichtlich der Texterzeugung wird die mehrfache Spiegelung der für das Schreiben Verantwortlichen prägnant eingesetzt, wenn es im Einleitungsbericht vom Hotelzimmer des Vermißten heißt, daß

> [...] man auf dem Kopfkissen Guy /Le Bonvivants 'Anleitung zum Selbstmord', nicht etwa den 'Werther', auf jener Seite aufgeschlagen gefunden hätte, wo das Autorenkollektiv vor Nikotinintoxikation und dergleichen Holzhammermethoden entschieden warne [.][195]

Die Verfremdung der Autorennamen Claude Guillon und Yves Le Bonniec erlaubt folgende Interpretation: die so überaus skandalträchtige und als Anstiftung zum Selbstmord verfemte Streitschrift[196] benutzt der fiktive Autor (A1) als Folie, um den Vermißten in der Rolle des Lebenslustigen, des Bonvivant, zu kennzeichnen. Detailliertes Wissen über den Sterbevorgang qua Prätext ist der Hintergrund, auf dem sich die Rolle des Bonvivant (eventuell sind die Theaterkonnotationen des Begriffs hinzuzuziehen) abhebt. Auch begrüßt der Autor (A1) die Ablehnung des „Werther" als Abschiedsgeste, also die Verneinung der Eingliederung in eine bekannte Textreihe (die sich vom „Werther" dann zu „Emilia Galotti" fortsetzen ließe). Die Distanz zur literarisierten Suizidpose wird jedoch zurückgenommen, wenn unmittelbar danach das Werk Bernhards als angemessener literarischer Abschiedsbrief zugestanden wird; der fiktive Autor (A1) steht der Literarisierung der Lebenswelt keineswegs ablehnend gegenüber, zudem gibt er mit Bernhard einen prominenten Prätext der

---

[195] Burger (1988*b*), S. 8.

[196] Zu Guillon/Le Bonniec: „Suicide, mode d'emploi" s. Minois (1996), S. 447, Lembach (1997), S. 13, und kritisch Macho (1987), S. 53f. In Burgers Traktat wird die Schrift - ohne Verfremdung der Urhebernamen - in den Fragmenten Nr. 261-270 angeführt (vgl. auch die intertextuelle Referenz im sogenannten „Schauerhammer-Papier" der Erzählung „Blankenburg", Burger (1994), v. a. S. 264-270).

folgenden Fragmente an. Was offensichtlich zählt, ist nicht die Flucht aus der Literatur, sondern die Art und Weise ihres Gebrauchs, des Fortschreibens.

Da die Einleitung durch ihre Spiegelungen mit der Fiktionalisierung des Autors spielt, ist ein Seitenblick auf den kurzen Text „Schriftsteller vom Blitz heimgesucht"[197] erlaubt. In diesem berichtet Burger von seiner Arbeit am „Tractatus logico-suicidalis", genauer: wie der Schriftsteller und sein Manuskript durch Zufall einer Naturkatastrophe entgehen. Ohne sich um ein Nachprüfen der absurden Begleitumstände zu bemühen, sei hier auf das Spiel mit der Autobiographie und deren Fiktionalisierung verwiesen - es scheint besonders gerechtfertigt durch die Umkehrung der gewöhnlichen Verhältnisse, „wenn es nichts Phantastischeres gibt als die Wahrheit [.]"[198] Zudem bemüht sich Burger die Brisanz des Selbstmordthemas zu betonen, hätte doch die Volksmeinung das (so zufällig verhinderte) Unglück des Künstlers als Strafe für sein hybrides Aufbegehren gegen das über den Freitod verhängte Tabu interpretiert. Der *Versuch der Provokation* wird im Traktat wiederholt als Kommunikationsstrategie sichtbar; der in der begleitenden 'Unglaublichen Geschichte' spöttisch abgetane Tabubruch trägt eher beschwörende Züge, denn mit dem Schwinden einer religiös begründeten Verurteilung oder vergleichbar bindender Urteile ist der Suizid der Eigenschaft, zwangsläufig zu provozieren, längst verlustig gegangen.

Nach der Einleitung nun zu den Fragmenten beziehungsweise ihrem fiktiven Autor (A2).[199] Dessen Ausführungen sind geprägt von der Bewegung der Umkehrung, blickt er doch vorgeblich vom Standpunkt des Todes aus auf das Leben. In seinen Fragmenten werden Bruchstücke der verschiedensten Diskurse über den Selbstmord zusammengeführt. Neben die von Amérys Essay bereits vertrauten Disziplinen Psychologie und Philosophie und die Dichtkunst treten zum Beispiel auch juristische und kriminologische Bemerkungen oder Gepflogenheiten des Aberglaubens. Auch innerhalb dieser Diskurse hat die Umkehrung statt, sei es, daß das von Kuebler-Ross entworfene Schema der Todesbegegnung auf das Verhalten der Hinterbliebenen zum Selbstmörder übertragen wird,[200] sei es die bizarre Inversion von Verbrechen und

---

[197] Veröffentlicht am 22. 8. 1988 in der Frankfurter Allgemeinen Zeitung, wieder abgedruckt z. B. in Burger (1989), S. 68-70. Vgl. Großpietsch (1994), S. 220. Eine vergleichbare Blitzepisode taucht übrigens im ersten Teil des „Brenner"-Projekts auf, Burger (1990b), S. 229-231.

[198] Burger (1989), S. 69.

[199] Vgl. als Kontrast zu den folgenden Ausführungen Großpietsch' Interpretation, deren Aufmerksamkeit vorwiegend der (realen) Autorposition gilt, Großpietsch (1994), S. 219-228, insb. S. 228.

[200] Nr. 55-68; für eine rasche Information über die Vorlage s. das Protokoll Kuebler-Ross (1978), insb. S. 344-346.

Strafe im Fall der Selbstentleibung,[201] etcetera. Das Ergebnis des Zusammentragens der Diskurse bleibt allerdings dürftig: es fehlt eine (glaubwürdige) Bewertungsinstanz. Die Handlungsfähigkeit des fiktiven Autors (A2), der als Repräsentant der 'Totologie' im Pluralis Auctoris oder besser Majestatis auf der Seite des Überlegenen weil Unvermeidlichen zu stehen vorgibt, ist sehr beschränkt. Neben dem demonstrativ ikonoklastischen Umstürzen der gewohnten Abfolge entpuppt sich die 'Totologie' rasch als schlichte Tautologie.[202] Das - aus der „Künstliche[n] Mutter" übernommene - Prinzip: „Gegeben ist der Tod, bitte finden Sie die Lebensursache heraus."[203] wird ergänzt von einem leiernden 'Tod gleich Tod'; die Rede über den Tod wird in der grammatischen Form der Tautologie beliebig wiederholbares Muster. Darin könnte sich auf den ersten Blick die Aussage des Traktats erschöpfen, ein exemplarisch dargestelltes Scheitern jeder Aussage, die sich über die durch den Tod gesetzte Grenze hinauswagt.

Eine genauere Lektüre zeigt aber das Ringen um Unmittelbarkeit und damit zusammenhängend um eine Verständigung mit der Umwelt als das eigentliche Anliegen des Traktats. Zum Beleg ist natürlich ein Studium der einzelnen Fragmente erforderlich, doch nicht ausreichend. Groß ist die Versuchung, ein einzelnes Notat als Interpretationsansatz für den gesamten Text zu gebrauchen, und man wird sehen, wie dieses Vorgehen im Text selbst nach Kräften gefördert wird. Eine befriedigende Deutung muß jedoch dem gesamten Text - ohne eine voreilige Hierarchisierung der Notate - gerecht werden, dem Schreibprozeß, der in der Fragmentsammlung enthaltenen Bewegung nachgehen.[204]

---

[201] Z. B. Nr. 139f.
[202] Beispiele für die Tautologie: Nr. 101, Nr. 179, Nr. 181, Nr. 788.
[203] Im Traktat innerhalb Nr. 992, vgl. im Roman „Die Künstliche Mutter", Burger (1993), S. 261. Weitere Beispiele für die Inversion der 'Totologie': Gesundheit - Krankheit Nr. 435, der dem hippokratischen entgegengesetzte 'totologische' Eid Nr. 446, der Suizid als aktives Komplement zu passiv erduldetem Sterben Nr. 945.
[204] An dieser Stelle läßt sich ein Hinweis auf Hoffs Burger-Interpretation einfügen, Hoff (1994). Hoff versucht, Burgers Werk aus seiner Prozeßhaftigkeit heraus als 'poetische Thanatologie' zu verstehen. Die zentrale Denkfigur, in die Hoffs Nachvollzug der Burgers Schriften eignen Entwicklung mündet, lautet: die Sprache scheitert als Sinnkonstitution gegen den Tod, wird jedoch als Scheiternde sinnvoll, indem sich der Tod in die Scheiternde 'einschreibt'; im Zuge dieser Anstrengung 'schreibt' sich Burgers Biographie regelrecht in seinen Werkkosmos 'ein'. Hoff bietet mit seinem (leider forciert spielerisch vorgetragenen) Ansatz eine eigenständige Deutung. Zwangsläufig greift diese über den einzelnen Text hinaus zu Bedingungen der Schriftlichkeit schlechthin, die Belegstellen aus Burgers Texten erscheinen recht gewaltsam zugerichtet (das betrifft insb. die aus dem Traktat gelösten Fragmente - von der Versuchung, die Deutung auf einzelne Textbruchstücke ohne Rücksicht auf deren Einbettung zu gründen, und von der Unterstützung, die der Text derartigen willkürlichen Bestrebungen entgegenbringt, war ja gerade die Rede!). So soll Hoffs Auslegung hier höchstens als Anregung aufgefaßt werden.

Am Anfang ist es selbstverständlich erforderlich, die Ausführungen des selbsternannten 'Suizidalisten' genau zu untersuchen, in wohlwollender Lesart an seinem eigenen Anspruch zu messen. Einen inhaltlichen Brennpunkt, in den die verschiedenen Ausführungen zusammenschießen, bietet die Grenzerfahrung (diese wird im Traktat selbst berührt, die mangelnde Erfahrbarkeit des Todes führe die Nötigung zu einer Erfindung des Todes mit sich).[205] Hier kann die in der vorliegenden Arbeit bereits herangezogene Studie Machos weiterhelfen (vgl. Kap. 2.2.1, v. a. S. 45-47). Zur Erinnerung: Macho zeigt, wie in Konfrontation mit dem Tod, dem Toten - dem unbeirrbar schweigenden Individuum - auf Metaphern zurückgegriffen wird, die Grenzerfahrungen innerhalb des Lebens entstammen. Die Todesmetaphern nehmen auf die erfahrbare Situation eines (teilweisen) Ausschlusses aus dem sozialen Körper oder einer Erschütterung des sozialen Körpers Bezug. Zur Behandlung des Themas Tod beziehungsweise Freitod bedient sich der fiktive Autor (A2) (zustimmend oder ablehnend) der *geläufigen* Todesmetaphern.[206] Sie müssen aber nicht immer ausdrücklich der Quasi-Erklärung des Todes dienen, auffallend ist schon - unabhängig von der jeweiligen Motivation - die Bezugnahme auf viele Elemente der traditionellen und bekannten Todesmetaphorik. Das sollen einige Beispiele veranschaulichen.

234 Ruhe sanft! Als wäre der Tod ein ins Unendliche verlängerter Schlaf. Er hat mit dem Schlaf nicht das geringste zu tun.

Der Schlaf befreit den Einzelnen für eine begrenzte Zeit von den Universalien des sozialen Körpers (- die Assoziation von Tod, Schlaf und auch Traum läßt sich ja beispielhaft in den Mythologien ablesen).

53 Der Geburtsschein des Säuglings ist zugleich sein Totenschein. In die offene Rubrik trägt das Leben eine Anzahl Jahre ein, die angesichts des Unendlichen zu einem Nichts zusammenschrumpfen.

[...]

391 Viele Menschen glauben, der Liebestod sei der schönste Tod, also der Orgasmus als Infarkt. Der Selbstmörder kann diese Utopie verwirklichen, wenn er sich im Moment der Ejakulation erschießt.

Der Themenbereich von Zeugung und Geburt gehört (ebenso wie die Mutter-Kind-Dyade) zu den Erschütterungen des sozialen Körpers, dessen veränderte Zusammensetzung er bewirkt. Dasselbe gilt für das Geschlecht, da Geschlechtlichkeit als Sexualität und/oder Liebesbeziehung die libidinöse Ökonomie der

---

[205] Explizit zur Grenzerfahrung beispielsweise Nr. 15, hinsichtlich der aus der fehlenden Erfahrbarkeit resultierenden Aufgabe einer Imagination des Todes Nr. 240.
[206] Vgl. zu den traditionellen Todesmetaphern den V. und VI. Teil von Machos Arbeit, Macho (1987), S. 234-326 und 327-407.

Gemeinschaft/Gesellschaft stört. In welchem Maße sich der soziale Körper von diesen Veränderungen gefährdet sieht, läßt sich am Streben nach Reglement, gerade den mit der Geschlechtlichkeit verknüpften Konventionen, erkennen. Im Traktat finden sich alle Spielarten der Geschlechtlichkeit, von der Liebe als Seelenbund bis hin zur (laut Angaben des Erzählers therapeutisch funktionalisierten) Grenzerfahrung sexueller Ekstase und aggressivem Chauvinismus.

> 1017 Man braucht nicht zu sagen, man befinde sich im Zustand des totalen Krieges, es genügt, wenn wir Suizidanten sagen: Wir befinden uns im Zustand von Stalingrad.

Auch die Aggression - hier der Kriegszustand - bedeutet die Anfechtung des im sozialen Körper für gewöhnlich Verbindlichen. Die Präsenz derartiger Metaphern nimmt kaum Wunder, so wird etwa der Tod als Mord durch die leibliche Natur verstanden, der Selbstmörder faßt dem zufolge die Strategie des Erstschlags und erklärt dem Leben den Krieg.

Man konnte bisher eine Anhäufung der bekannten Todesmetaphern feststellen (die Liste ließe sich erweitern). Im Traktat hat eine Todesmetapher jedoch die überragende Stellung inne: die Krankheit. Auch Krankheit, insofern sie den (partiellen) Ausschluß eines Mitglieds aus dem sozialen Körper nach sich zieht, gehört zu den gängigen Grenzerfahrungen. Im Traktat ist die psychische Erkrankung, insonderheit die Depression, in enge Nähe zum Suizid gerückt. Ausschluß, die Unmöglichkeit der Kommunikation vereint den an Depression Leidenden und den Selbstmörder. Zur Stärkung dieser Verknüpfung bedient sich der Traktat der bereits aus Burgers früheren Texten wohl vertrauten Metaphorik von Scheintod und Verschollenheit. Mit dem versuchsweise hinzugezogenen Erklärungsansatz Machos läßt sich die Assoziation der Grenzerfahrungen leicht nachvollziehen. Doch begnügen sich die Notate nicht mit einer bloßen Feststellung der Mangelsituation des Kranken - drei Versuche zur Beseitigung des Defizits werden in immer neuen Variationen kombiniert: Kunst, Magie und Selbstmord. Drei Möglichkeiten, dem isolierten Einzelnen Gehör zu verschaffen, Ausdrucksmittel, die durch immer absurdere Gedankensprünge zusammentreten, für einander einstehen. Die drei Möglichkeiten lassen sich beispielsweise wie folgt verbinden: Grundlage bleibt immer die defizitäre Beschaffenheit (oftmals ist die Krankheit durch frühe Traumatisierung erklärt). Das schöpferische Vermögen wird dann mit Übernahme der Bionegativitäts-These auf einen (körperlichen) Mangel zurückgeführt. Nun bietet die Kunst verschiedene Hilfestellungen, sie kann den Ausgeschlossenen durch Ruhm in der Gemeinschaft verankern, kann therapeutische Heilung in ästhetischem Gelingen symbolisieren oder gar als geniale Poiesis zur Allmacht des Schöpfers verhelfen. Herausragende Künstler werden immer wieder als Vorbild, als Identifikationsangebot genannt (- und von diesen Künstlern wird gerade die Übereinstimmung von Leben und Werk als Authentizitätsnachweis gefordert, die der Traktat von Anfang an in Frage stellt).[207] Keine dieser durch die Kunst erhofften Lösungen bleibt unangefochten: das Verlangen nach Gesundheit lehnt die Vertröstung auf Nachruhm oder das suppletorische Gelingen des Kunstwerks ab, die vorbildlichen Künstlerschicksale bleiben als fremde für die eigene Situation wirkungslos. Der Selbstmord ist der Kunst beigesellt, da beide als Inszenierung verstanden werden, der Stilbegriff läßt sich ebenso übertragen wie eine als poetologisches Schlagwort virulente quasi-therapeutische Funktion - „[...] der Selbstmord als Therapie."[208] Der Scheinbegriff schlägt die Brücke zwischen Kunst und Magie, eine illusionäre Bewältigung des Unmöglichen. Heilung in der ausweglosen Situation soll durch einen Zaubertrick bewerkstelligt werden, und mit dem Magier greift der Traktat die alte Vorstellung des sanktionierten Grenzgängers auf, eines mühelosen Überwindens der Grenzen.[209]

Halten wir an dieser Stelle kurz inne. Bisher wurde die Grenzsituation als Fokus des Traktats anhand der geläufigen Todesmetaphorik nachgewiesen, wurden die im Text vorgebrachten Auswege aus der Isolation aufgezeigt und einige der zwischen ihnen angelegten Verbindungen herausgegriffen. Damit bleibt man wohlgemerkt den Ausführungen des fiktiven Autors (A2) noch unmittelbar verpflichtet. Bedenkt man aber, daß der Verfasser *in der Rolle des Betroffenen* spricht,[210] richtet sich das Interesse auf dessen Schreibakt.

In dieser Hinsicht fällt auf, daß der Traktat jegliche Konfrontation zu verhindern sucht. Bewirkte das Spiel mit der Fiktionalisierung in der Einleitung eine Verunsicherung hinsichtlich Autorinstanz und entsprechendem Adressaten des Textes, so wird in den Notaten durch die Vermeidung jeder eindeutigen Positionsbestimmung die Möglichkeit eines streitbaren Gegenübers unterbunden. Der fiktive Autor (A2) trägt Material zusammen, wählt aus, kommentiert - das mag intellektuell

---

[207] Z. B. Nr. 245, wo der Leser die vom Autor vernachlässigte Beglaubigung in der Lebenswelt nachholt; vgl. hierzu Schirrmacher (1988).

[208] Nr. 991.

[209] Vgl. diesbezüglich Hermann Burgers „Der Zauberer und der Tod. Ein Salto Mortale." bzw. „Der Zauberer und der Tod. Harry Houdinis letzter Befreiungstrick auf dem Totenbett". Unveröffentlicht. Schweizerisches Literaturarchiv (SLA), Bern. Signatur A-01-17. In diesen Entwürfen blickt der Zauberer Houdini hinter die Kulissen von Leben und Tod, wobei er letzteren in einem kurzen Traktat zu entlarven versucht. Letztlich gelingt die Überwindung des Todes als Kommunikationshemmnis jedoch nur durch eine Trickhandlung. Veröffentlicht wurde der Text in der Frankfurter Allgemeinen Zeitung vom 6. 6. 1987, Publikationsbeleg zitiert nach Großpietsch (1994), S. 224.

[210] Als Signal z. B. die Pronomina „wir Suizidalisten" in Nr. 1017, „mein Zerstörungspotential" in Nr. 710.

anregen, als Appell um Mitleid heischen oder in der Anmaßung Empörung hervorrufen, doch all dies nur momenthaft. Die Entscheidung zugunsten einer dieser Verständnisweisen sitzt dem Rollenspiel des 'Suizidalisten' auf, kommt über die Wiederholung der Rezeptionsvorgaben nicht hinaus; so vertraut etwa die nachfolgend zitierte Forschungsmeinung bereitwillig den (doch bloß versprechenden) Erklärungen des 'Suizidalisten':

> It [der „Tractatus logico-suicidalis", d. Verf.] is both the most detailed commentary on Burger's entire 'suizidographisches Werk' and a richly ingenious exploration of an important aspect of life: its ending.[211]

Von einer Erkundung und geistvollen Durchdringung des Todes kann mit Blick auf die Sammlung traditioneller Todesmetaphern ebensowenig die Rede sein wie von einem gültigen (auto)poetologischen Ansatz. Die Möglichkeit der Kommunikation schwindet, indem der Verfasser des Traktats alles zugleich beansprucht - in einem argumentieren und sein Leiden schildern will, auch größenwahnsinnig Verachtung der Umgebung zur Schau stellt. Es fehlt das Verbindliche, auf das ein Leser reagieren könnte - ganz im Gegenteil, auch die verschiedenen Lesarten des Textes sollen bereits im Text vorweggenommen werden. Wer den Traktat demnach als eine stellenweise mißglückte philosophische Abhandlung oder auch als erpresserische Ankündigung liest, verdeckt mit der Konzentration auf geeignete Passagen gerade die Struktur des Textes, die als 'Rundumschlag' einem rationalen Nachvollzug ebenso unzugänglich bleibt wie einer einfühlenden Lektüre, *die einfach jeder Antwort zuvorkommen möchte.* (Hier kann dem Einwand begegnet werden, die aufgezeigte Unfähigkeit zur Mitteilung sei allein Eigenschaft des fiktiven Autors (A2) der Fragmente. Die zahlreichen Spiegelungen innerhalb der Figuren der Einleitung respektive zwischen Einleitung und Traktat, die zu Beginn dieses Kapitels behandelt wurden, lassen eine solche Absonderung nicht zu.)

Die Sprachverwendung und die stete Selbstauslegung verdienen eine nähere Betrachtung, sie kann die bisherigen Untersuchungen bestätigen.

3.2.2. Sprache

Es ist hier nicht um eine allgemeine Sprachanalyse zu tun,[212] vielmehr läßt sich an wenigen ausgewählten Merkmalen der Sprachverwendung das oben skizzierte

---

[211] White (1991), S. 198. Die todesmutige Expedition wird ja als 'Blick hinter die Kulissen' bereits in der Einleitung des Traktats angekündigt; der von White großzügig bescheinigte (auto)poetologische Kommentar kann sich auf die Selbstauslegung des 'Suizidalisten', z. B. Nr. 533, berufen.

Konzept der Kommunikationsunfähigkeit veranschaulichen. Spiegelungen - das besagt hinsichtlich der Sprache: die Pose des 'Suizidalisten' entpuppt sich als ausschließlich sprachimmanentes Vermögen, seine Fähigkeiten finden sich immer wieder auf das Medium zurückgeworfen.

Ein Merkmal der Sprachverwendung des Autors (A2) ist der Hinweis auf die Etymologie.[213] Schon die Ausgangsthese des Traktats erfährt ihre Rechtfertigung durch die Wortherkunft:

> 6 Sagten wir in Ziffer 1, es gebe keinen natürlichen Tod, müssen wir unsere These mit der Etymologie des Wortes 'Natur' stützen. Im Zweifelsfall hilft immer die Etymologie weiter. Das althochdeutsche 'natura' ist aus lateinisch 'natura', das Hervorbringen, die Geburt, die natürliche Beschaffenheit, das Wesen entlehnt, das wie lateinisch 'natio', das Geborenwerden, das Geschlecht zu lateinisch 'nasci', geboren werden, entstehen gehört. Damit hat ja wohl der Tod todesgemäß nichts zu tun.

Die Beweisführung qua Etymologie ist im Falle von 'natürlich' besonders einfach, da es sich um einen polysemen Begriff handelt - erinnert sei auch an Améry diesbezügliche Ausführungen - und die Vorstellung eines natürlichen Todes ebenso einem Wunsch, einer Konstruktion entspringt wie das Gegenteil des prinzipiell gewaltsamen oder frei bestimmten Todes.[214] Das ironische Spiel mit der kratylischen Annahme, die mittels Handhabung des Wortes über den bezeichneten Gegenstand zu verfügen vorgibt, wird auch eingesetzt, um in einer Pseudo-Etymologie die allen anderen Disziplinen überlegene 'Totologie' zu begründen:

> 34 'Totologie' ist eine Kontamination aus 'tot', althochdeutsch 'tot', eine Partizipialbildung zu dem untergegangenen althochdeutschen Verb 'touwen', sterben, und dem lateinischen 'totus', ganz, voll, in vollem Umfange, auch alle, sämtliche, insgesamt. 'ex toto', völlig, gänzlich. 'Thanatologie' kommt nur von griechisch 'thanatos', Tod und Todesgott. Welch subsidiäre Etymologie!

Der Urheber des Traktats besitzt Macht, aber nur innerhalb der Sprache. Die Freude an Fremdwörtern, Anachronismen und Wortschöpfungen - zum Beispiel der erweiterten medizinischen Terminologie für Suizidgefährdung, -versuch und -vollzug -[215] gibt das Bemühen um Genauigkeit vor. Ähnlich verhält es sich mit der beliebten Geste des unumstößlichen Definierens. Die so emsig betriebenen Begriffsspezifizierungen bleiben ohne weiteren Nutzen oder münden letztlich wieder in eine

---

[212] Informationen über allgemeine sprachlich-stilistische Kennzeichen von Burgers Texten, die sich (mit Einschränkungen) auf Einleitung und Fragmente übertragen lassen, erhält man etwa bei Schön in knapper Zusammenfassung, Schön (1997), S. 33-52.

[213] Vgl. neben den hier wiedergegebenen Fragmenten z. B. Nr. 72, Nr. 404, Nr. 411.

[214] Vgl. den im zeitgenössischen biologischen Diskurs umstrittenen Zusammenhang von Alter und Tod, die Gegenüberstellung vom 'Postulat des natürlichen Todes' und 'Fehlertheorien', Macho (1987), S. 307-314.

[215] Nr. 89, zur medizinischen Begrifflichkeit s. auch Friedt/Kolvenbach (1988), S. 13.

nivellierende Tautologie. Anstatt sich durch die begriffliche Arbeit anzunähern, lockert der Sprechende zusehends die Anbindung der Zeichen an die Referenten - *die Zeichen verweisen höchstens auf sich selbst.*
Die Beschaffenheit des sprachlichen Zeichens wird in den Notaten für pointiertes Sprechen genutzt, im Spiel mit einer vermeintlichen wortgeschichtlichen Verwandtschaft (wie in Nr. 34), in sarkastischer Verfremdung der Lautgestalt ('Glück' - 'Gläck', Nr. 406), kurz: Variations- und Klang-Wortspielen. Auch hyperbolische Phrasen oder der amphibolische Wechsel von Bedeutungen verstärken eine humoreske Darstellung (zum Beispiel: 'Witz' als Erkenntnisvermögen und als Scherzwort, Nr. 414-418). Performatives Hintertreiben der eigenen Rede wird beispielsweise dadurch in Szene gesetzt, daß sich der fiktive Autor (A2) zu Beginn über das unverständliche 'Pschyrembel-Deutsch' der Medizin beschwert, selbst aber eine offizinelle Komposition vorträgt (vgl. Nr. 9 und die 'totologische' Harmonielehre Nr. 266). Daneben bleibt der Kontrast zwischen der übermütig sprunghaften Abfolge der Fragmente und einer strengl ogische Tektonik vorspiegelnden Textgestalt und Sprache zu erinnern (z. B. Nr. 50, 58).

Komik, unter die als Sammelbegriff die genannten Verfahren subsumiert werden können, offenbart eine Kommunikationsstrategie des Textes. Die sprachliche Pointierung wird zur Behandlung des Selbstmords, also eines für gewöhnlich im ernsten Kontext verorteten Themas, eingesetzt. Eine Erklärungsmöglichkeit der komischen Wirkung geht von diesem Kontrast aus: die komische Wirkung des Traktats läßt sich als Irritation ob des Fehlens der mit dem Gegenstand fest verbundenen Bewertungskriterien verstehen, dabei handelt es sich aber nicht um eine subversive Veränderung des Urteils; die für Autor und Rezipient gültige Bewertung wird im Witz außer Kraft gesetzt, aber gerade in ihrem Ausbleiben - sozusagen ex negativo - aufgerufen und bestätigt. Ein Fehlen der verdeckten Affirmation des gemeinhin Gültigen würde ja als Wirkung nicht die lustvolle Irritation, sondern eine radikale Verunsicherung hervorrufen. Folgt man dieser Erklärung, läßt sich die für den Verfasser wie den Leser gemeinsam gültige Wertsetzung, die ihre indirekte Bekräftigung durch Komik erhält, als unterstellte Verbindung mit einem Rezipienten, als Versuch der Verständigung begreifen. Komik würde so zu einer Kommunikationsstrategie, dem bereits angesprochenen Versuch der Provokation vergleichbar. Doch das als Andeutung - natürlich bleibt die vorgeschlagene Erklärung der Komik ungenügend und angreifbar durch und wie die vielen

Alternativen, die hier nicht berücksichtigt werden können.[216] Eine allzu rasche Übertragung theoretischer Konzeptionen auf den Text wird noch dazu im Traktat selbst in ihrer Absurdität vorgeführt, wenn etwa Staigers Poetik von Tragödie und Komödie unvermittelt zur Beschreibung des realen Todes Verwendung findet (Nr. 82) oder Freuds Theorie des Witzes grotesk anverwandelt wird (Nr. 88). Der Text warnt gewissermaßen vor übereiltem Wechsel zwischen ästhetischem (oder allgemein theoretischem) Bereich und der Lebenswelt, ebenso vor der Absolutsetzung einer einzigen Erklärung.

Den zahlreichen Angaben, die der Text zu seinem eigenen Entstehungsprozeß und der angemessenen Rezeption macht, geht das nächste Teilkapitel nach.

3.2.3. Selbstauslegung

Als Spiegelung muß berücksichtigt werden, daß der Text sich selbst und seine Wirkung auf den Leser zum Gegenstand hat. Schon die Figuren der Einleitung offerieren verschiedene Lesarten des Traktats;[217] zum Teil an diese anknüpfend wird der fiktive Autor (A2) nicht müde, seinen Text selbst zu erklären.

Das betrifft in erster Linie das Verhältnis zum Abschiedsbrief eines Selbstmörders. Man vergegenwärtige sich kurz die Merkmale der realen Selbstmordnotizen:[218] aus ihnen, Ankündigung oder Testament, spricht der Wille des Schreibenden, Herr über den Tod zu bleiben[219] - durch Erläuterung macht der Verfasser die Tat (Individualismus und Freiheit bekräftigend) zu einem nachvollziehbaren Entschluß;

---

[216] Eingehende Untersuchungen zur Komik könnten sich an den grundlegenden Arbeiten von Harald Weinrich oder Wolfgang Preisendanz ausrichten; als Anregung zur Komik im Umfeld des Todessujets sei noch auf Schulte hingewiesen, Schulte (1997), S. 25-35.

[217] An das Verhalten dieser 'ersten Leser' wird im Traktat auch durch die Verbindung mit Bernhards Text „Ernst" - Bernhard (1988), S. 48 - erinnert (Nr. 121, Nr. 124f.). In der wiedergegebenen Bernhardschen Vorlage betont der Komiker die Ernsthaftigkeit seines Entschlusses und stürzt sich vor einer lachenden Zuschauergruppe in den Tod. Der fiktive Autor (A2) erklärt im Traktat, die Gruppe habe sich von dieser Tat nicht in ihrem Lachen beirren lassen. In der Einleitung ist es nun gerade umgekehrt. Der durch die Schriftzeugnisse wahrscheinliche Suizid des Protagonisten wird ernsthaft behandelt, auf das Erscheinen des Totgeglaubten reagiert die Umwelt wiederum mit einem überschwenglichen Gelächter. Insgesamt bewegt sich der Traktat entsprechend der Vermengung von Realität und Fiktion in einem unentschiedenen Bereich zwischen lebensweltlichem Ernst und offenkundigem Spiel.

[218] Vgl. zur historischen Bedeutung der Mitte des 18. Jahrhunderts an Häufigkeit stark zunehmenden Selbstmordnotizen und ihren Funktionen Minois (1996), v. a. S. 417f.

[219] Vgl. die programmatische Forderung in Nr. 922: „Schriftsteller sein, heißt Sprache haben über den Tod hinaus. [...]". Mit diesem Anspruch endet auch die Erzählung „Der Schuß auf die Kanzel", Burger (1988a), S. 187.

die derart verständliche Tat soll Folgen in der unm ittelbaren Umgebung oder auch der gesamten Gesellschaft zeitigen, Mißverständnissen wird zuvorgekommen. Die Veröffentlichung der Selbstm ordnotizen wird von der U mgebung als Sensation empfunden, zumal ihnen häufig exhibitionistische Züge eignen. Burgers Traktat wird schon in der Einleitung als Ersatz eines Abschiedsbriefes präsentiert, da man auf der Suche nach dem vermißten Schriftsteller „[...] in der Schublade des fein säuberlich aufgeräumten Schreibtisches zwar keinen Abschiedsbrief, doch die 124 Blätter des im folgenden einer breiteren L eserschaft zugänglich gemachten 'Tractatus logico-suicidalis' fand [...]".[220] Der fiktive A utor (A2) distanziert sich um so vehementer vom Abschiedsbrief als Ü bereinstimmungen offensichtlich sind. Der Verfasser gebärdet sich als 'Suizidalist', der mit seiner Kenntnis zu einer gültigen T heorie des Selbstmords befähigt ist, und blickt auf die - als Entlastungsmöglichkeit der Hinterbliebenen diffamierten - Abschiedsbriefe herab (zum Beispiel Nr. 153, Nr. 411). Der Rezeption des Traktats wird widersprüchlic h vorgearbeitet: die Ernsthaftigkeit der Äußerung wird unterstrichen, der Text als „einmalige Begründung eines einmaligen Suizids" (Nr. 932) vom Universalitätskriterium einer T heorie befreit, als Bitte um Verständnis für die Sichtw eise des Selb stmörders eingesetzt (N r. 517-520) oder es wird der gegen den Selbstm örder (und dessen ankündigende Verlautbarungen) erhobene Vorwurf der Erpressung zurückgewiesen (Nr. 778). Vor allem aber soll der Text das Recht des V erfassers erstreiten: Recht w ird von der unm ittelbaren Umgebung gefordert (N r. 550). Recht bedeutet hier Anerkennung, nicht zuletzt die Anerkennung als Gesprächspartner. Ein Paradoxon ist nicht zu übersehen: einerseits möchte der Verfasser den Text als Streitschrift einsetzen und die gewünschte Rezeption sicherstellen, andererseits löst sich der ' Suizidalist' in w idersprüchlichen Aussagen auf, entzieht sich, verweigert die Festlegung auf eine Position. Solche Widersprüche zwischen eindeutiger Tat und A uflösung werden wiederum im Text selbst explizit gem acht, vor allem in Nr. 631, derzufolge die Stim migkeit des Geschriebenen jeden Rückschluß auf den Schreibenden überflüssig machen soll.

> 631 Seine [des 'Suizidalisten', d. Verf.] Totologismen und Mortologismen müssen in sich schlüssig sein, ohne etwas z u erklären. Je umfassender die Theorie, desto unverständlicher die Tat. Sie erscheint in der Theorie än igmatisch, sibyllinisch. Man kann sich auch ein Vexierbild vorstellen: Wo verbirgt sich der Suizidant?

In den an das zitierte anschließenden Fragmenten wird kommentierend auf die 'Abschiedsbriefe' Kleists Bezug genom men. Der Verfasser sieht in Kleist die

---

[220] Burger (1988*b*), S. 9. Großpietsch bestätigt, beabsichtigt oder nicht, die Nähe des Traktats z um Abschiedsbrief, wenn sie die Momente Schuldz uweisung und Hilferuf untersucht, Großpietsch (1994), S. 223.

Motivation des absoluten Rechthabens ve rwirklicht und führt m it der im überschwenglichen Lob versteckt unterst ellten Nähe den K onflikt des
Identifikationswilligen vor Augen: eine Äußerungsmöglichkeit ist ihm nur mittelbar,
nur durch fremdes Material, fremde Lebensschicksale oder Kunstwerke möglich.

Indem die Möglichkeit einer N achahmungstat des L esers im Anklang an die
berüchtigte „Werther"-Mode erwogen wird (zum Beispiel N r. 247), ist die vom
Selbstmörder ausgehende Bedrohung betont . (Beiseite: auch hier könnte m an mit
Machos Arbeit ansetzen. Eine so verstörende Grenzerfahrung wie das freiw illige
totale Ausscheiden aus dem sozialen Körper trägt für die gem einsam Außenstehenden bedrohliche Züge, der befürchteten Ausweitung des Grenzübertritts wird mit der
ritualhaften Distanzierung vom Störenden entgegengetreten.) Im Traktat wird mit der
ironisch aufgerufenen Gefahr, die das Kunstwerk für den Leser darstellen könne, der
Text als Provokativum charakterisiert. So re gt er ja auf T extebene die Figuren der
Einleitung zu einer regen D iskussion an. Bisher wurden einige spielerisch anver-
wandelte Parallelen zum Abschiedsbrief, der Wunsch nach Rechtfertigung oder die
Freude an der Sensation, herausgearbeitet.

D er Text bietet darüber hinaus zahlr eiche Interpretationen an. Viele Fragm ente
enthalten Zeichen, die auf die eigene Textkonstitution weisen. Ein Beleg:

> 811 Es besteht ein Z usammenhang zwischen dem Übertreibung s-Parasuizidär Houdini
> und dem Übertreibungs-Schwarzmaler und Österreich-Hasser Thomas Bernhard. Beide
> neigen zum perversen W iederholungszwang. Hat man einmal beg onnen, den Tod
> herauszufordern, kommt man von dieser Such t nicht mehr los. Man beg egnet dem
> nichtvariablen grausamen Gott mit Variationen der Verhöhnung.[221]

Natürlich läßt sich die wiederholende und übertreibende Be handlung des Selbstmordthemas (im Zitat mit der Alvarez-Anspielung: 'der grausame Gott' evoziert)
mühelos auf den T raktat selbst übertragen. Auch wird der Text immer wieder in die
Nähe der magischen Trickhandlung gerückt, sozusagen eine literarische Ü berlistung
des Todes proklamiert. Schlüsselbegriffe der Notate, zum Beispiel 'Kitsch' als
wahloses Zusammenraffen der Existenz, die Verführung zum Weiterleben entgegen
dem Gebot des Beendens oder der Selb stmörder mit fragmentarischem Leben,[222]
lassen sich leicht für eine Poetologie des Traktats verwenden: dann wird der 'Kitsch'
zum wahllosen Mißbrauch der Prätexte, die Verführung gilt dem fortzusetzenden

---

[221] Vgl. Nr. 915. Der 'perverse W iederholungszwang' kann als Anspielung auf den Freudschen
Todestrieb verstanden werden; s. z ur Gegenüberstellung von dem F reudschen Todestrieb als
Wiederholungszwang des Neurotikers und als 'N irwanaprinzip' Macho (1987), S. 38-40. Die
Ästhetisierung psychoanalytischen Wissens als Montagematerial läßt sich in vielen Texten
Burgers beobachten.

[222] Nr. 300 bzw. Nr. 466-468 bzw. Nr. 858.

Schreibakt, das Fragment regt als Textstruktur die Einbildungskraft zur Vervollständigung an.

Die wohl ausreichend vorgestellte Selbstauslegung des Traktats läßt sich mit den bisherigen Befunden der Analyse in Einklang bringen. Das stete (durchaus widersprüchliche) Erläutern von Textentstehung und Bedeutung, die Vorwegnahme der Lesarten drängen den Leser aus einer unmittelbaren Kommunikation. Der Leser wird, so eindringlich das Bedürfnis nach einem helfenden Gegenüber auch geäußert wird, durch die Selbstauslegung ferngehalten. Der Zwang zu Deutung, zu Selbstreflexion entzieht dem Verfasser unmittelbares Erleben und Mitteilung, verhindert den unverstellten Zugang zu (Erzähler-)Ich und Welt. Kaum mag erstaunen, daß auch diese Feststellung schon im Text selbst getroffen wird (dort im Kontext der Camus-Vorlage):

> 959 Lebenskunst wäre die Fähigkeit, in keinem Moment sein Beobachter zu sein.

Die Anhäufung von Metatexten gleicht sich - als Entfernung von einer beantwortbaren Mitteilung - schließlich dem Schweigen an. Eine Pointe des „Tractatus logico-suicidalis" besteht darin, daß er als Inszenierung des Scheiterns der Verständigung, des Auseinanderbrechens der Kommunikationsteile, seiner thematischen Vorlage verpflichtet bleibt. Akzeptiert man die (wie gezeigt: Amérys Text konstituierende) Unterscheidung von Betroffenem und Nicht-Betroffenem, stellt Burgers Traktat deren kategoriale Trennung und das Scheitern jedweder Grenzüberwindung und Verbindung dar.

3.3. Intertextuelle Ref/verenz

Da es sich bei den intertextuellen Bezugnahmen um ein hervorstechendes Merkmal des Traktats handelt, war eine Berücksichtigung in den vorgängigen Kapiteln unvermeidlich. Für die detailliertere Analyse soll wieder - wie schon anläßlich der Untersuchung von Amérys Diskurs - die von Broich und Pfister herausgegebene Studie als theoretische Basis dienen.[223] Zur Eröffnung werden einige - an Pfisters Intertextualitätskriterien orientierte - Beobachtungen festgehalten, die danach durch Amérys Essay als Prätext exemplarisch belegt (und gegebenenfalls ergänzt) werden können.

Unter quantitativem Gesichtspunkt fällt sofort die Fülle verschiedenster in den Traktat eingegangener Prätexte auf, fällt auf, daß die Fragmente in erster Linie re-

---

[223] S. Kap. 2.3, S. 47f. Vgl. Nölles Studie zu Intertextualität in Burgers „Brenner"-Romanen, dort wird - neben dem vorherrschenden Rückgriff auf Genette - auch die Arbeit von Broich und Pfister berücksichtigt, Nölle (1994), S. 184.

agieren, das heißt auf Texte antwortend sie fortschreiben. Doch ist eine Auflistung der vielen heterogenen Prätexte obsolet.[224] Wer die Vorlagen des Traktats sichtet - Großpietsch führt eine Auswahl auf -[225] erkennt schnell, daß es um die Suggestion von Textvielfalt zu tun ist. Es genügt, einige der in Burgers Text benutzten Quellen aufzuspüren, um zu bemerken, daß sich der Traktat aus bereits vorliegenden Textketten bedient. Das betrifft neben Amérys Essay vor allem Alvarez' „Der grausame Gott", beide Texte stellen ein Reservoir an philosophischen, psychologischen und literarischen Textzeugnissen zum Thema Selbstmord bereit, aus dem sich der Traktat speist. Zu den fremden Textvorlagen tritt der häufige Rückgriff auf frühere Texte Burgers (Auto-Intertextualität), so daß schon in den ersten Kritiken des Traktats bedauert wurde, „Burger finde[] aus der geschlossenen Welt seines Werkes nicht mehr heraus."[226]

Ohne voreilig die negative Bewertung zu übernehmen, soll die Beschaffenheit der Intertextualität näher beleuchtet werden. Die *Referentialität* ist als ehrerbietige Berücksichtigung der Vorlagen gestaltet, unter der die gewaltsame Zurichtung jedoch nur allzu deutlich durchscheint (eben: Ref/verenz). Die Fragmente sind als Kommentar, als Bestätigung oder Verwerfen des Vorgängigen, als Metatext angelegt, doch die Geste des Verfügens bleibt entscheidend, begriffliche Arbeit an den Vorlagen findet nicht statt. Das belegt die Analyse der intertextuellen *Kommunikativität*: von einer idealen Kommunikationssituation ausgehend, stehen Markierung und Erkennbarkeit der Prätexte und deren Funktionalisierung zur Diskussion. Es lassen sich sehr verschiedene Abstufungen der Markiertheit feststellen: explizite Quellenangaben in wissenschaftlicher Manier ebenso wie die nur durch Stilunterschiede und Kontext abgegrenzten 'versteckten' Zitate; das heißt, für den Leser bleibt die um einen inhaltlichen Fokus gebündelte und die formal-stilistische Geschlossenheit einer Textpartie erkennbar, beispielsweise in Nr. 146-148 die Unterscheidung von Weil- und Um-zu-Motiv, von kausalem und finalem Handlungsgrund, oder in Nr. 219-231 allerlei mit dem Suizid verbundene abergläubische Vorstellungen, ohne daß er die Herkunft, in den Beispielen Baechlers Studie und Bächtold-Stäublis Lexikon,[227] anzugeben wüßte. Auch bei expliziten Zitationen ist

---

[224] Schöns Kritik an einer Burger-Forschung, die sich mit der bloßen Auflistung der Prätexte ohne Untersuchung der jeweiligen Funktionalisierung zufriedengibt, ist zweifelsohne berechtigt, Schön (1997), S. 8f.
[225] Großpietsch (1994), S. 218 (Anm. 3).
[226] Obermüller (1988).
[227] Nr. 146-148 - Baechler (1961), S. 54-56; Nr. 219-231 - Bächtold-Stäubli (1935/36), Sp. 1627-1634.

die Verläßlichkeit der Markierung einzuschränken, häufig wird die Grenze zwischen fremdem und eigenem Text verwischt. Das Unterlaufen der kommunikationserleichternden Markierung durch augenfällige Pseudo-Intertextualität[228] - der Verweis auf erfundene Vorlagen als Simulation eines Dialogs zwischen Texten - unterstreicht den spielerischen Umgang mit Intertextualität.[229] Explizite Quellenangaben und Verweise rufen ebenso wie pseudo-intertextuelle Prätexte das Merkmal Intertextualität in Erinnerung, dabei wird der Leser durch fehlende oder fragwürdigunscharfe Abgrenzungen von Eigen- und Fremdtext oft irritiert. Jede Aussage ist einer unausgewiesenen Bezugnahme verdächtig und genau diese Wirkung beabsichtigt der Traktat: nicht begriffliche Arbeit, nicht das sorgfältige Argumentieren, sondern die Souveränität des Schreibenden wird mit den Beziehungen zwischen den Texten illustriert. Der Verfasser verfügt über die Vorlagen, kann narzißtisch Kenntnisse gegenüber dem Leser zur Schau stellen, Selbstauslegungen feilbieten oder auch durch die Lebensschicksale und Werke bedeutender Künstler an deren poetischer Qualität (wörtlich) teilhaben. Dem Leser bleibt allemal die Beteiligung verwehrt.

Einige Bemerkungen zu *Strukturalität* und *Selektivität*, also zu syntagmatischen und paradigmatischen Eigenschaften der Textbeziehungen. Es gibt nicht einen Einzeltext oder auch ein klar auszumachendes System von prätextlichen Verfahren (Systemreferenz), das dem gesamten Traktat als Folie zugrunde liegt. Die kontaminatorische Intertextualität,[230] die eben in einem Geflecht gleichgeordneter Textbeziehungen besteht, wurde ja bereits bei den Überlegungen zur Textsorte deutlich. Der im Paratext, an der hierarchisch wichtigen Titelstelle durch Anspielung genannte Wittgensteinsche Traktat besitzt schließlich nur wenige Beziehungen zu Burgers Text. Da ein eindeutig bestimmbarer Isotopie-Hintergrund fehlt, darf im folgenden auf Amérys Essay zurückgegriffen werden, der immerhin die quantitativ entscheidende Vorlage darstellt. Das intertextuelle Verweisen im Traktat erfolgt mit unterschiedlicher Prägnanz, vom abstrakt-unverbindlichen Nennen des Titels über

---

[228] Zu Pseudo-Intertextualität s. Broich/Pfister (1985), S. 45f. (Anm. 31), 84.

[229] Als Beispiel Nr. 80, Nr. 81, Nr. 488, Nr. 676 - die sprechenden respektive durch historische Assoziationen aufgeladenen Namen 'Geiler von Kaiserberg' und 'Mahnteuffel', denen die vermeintlichen Standardwerke der 'Totologie' zu verdanken sind, erinnern wiederum an die Grenzerfahrungen Sexualität und Aggression als Ursprung der Todesmetaphorik. Großpietsch unterläuft in diesem Zusammenhang eine Fehllektüre: sie liest 'Geiler von Kaisersberg', rechnet den Autor aber ungeachtet des gleichnamigen Fastenpredigers zu den Erfindungen Burgers, s. Großpietsch (1994), S. 220 (Anm. 7).

[230] Zur Opposition kontaminatorische versus anagrammatische Intertextualität vgl. Broich/Pfister (1985), S. 121-124.

die wörtliche Zitation eines Textabschnitts bis hin zur Übernahme einer besonderen Phrase oder Metapher. Innerhalb der genutzten Bezugsmöglichkeiten lassen sich zwei wichtige Tendenzen ausmachen: zum einen die gleichberechtigte Verwendung nicht-fiktionaler und fiktionaler Prätexte. Das Nebeneinander von wissenschaftlichen und poetischen oder auch rein erfundenen Vorlagen unterstützt die Verortung des Traktats in dem Grenzland zwischen Realität und Fiktion, wie sie auch die Erzählsituation zu bewirken sucht.[231] Zum anderen läßt die Heterogenität der Prätexte, die aus verschiedenen Diskursen stammen und dezidiert widersprüchliche Positionen hinsichtlich des Gegenstands Suizid einnehmen, eine gleichsam agonale Struktur des Posttextes erwarten. Dem ist aber nicht so - die Spannung, zum Beispiel zwischen psychiatrischer Suizidverhütung und einem dem Freitod geneigten Denker wie Cioran, wird überhaupt nicht in einer erkennbaren Auseinandersetzung ausgetragen. Das Bemerken der einander widersprechenden und dadurch einander relativierenden Positionen wird ausschließlich dem Leser überantwortet.[232]

Das führt zum Kriterium der *Dialogizität*, mit dem die Funktion der Intertextualität für den gesamten Text zusammenhängt. Dialogizität, dieser von Bachtin übernommene und in der poststrukturalistischen Theorie stark modifizierte Begriff soll die Spannung, den Antagonismus zwischen Prätext(en) und Posttext bezeichnen.[233] Er soll nicht als Bewertungskriterium mißverstanden werden, das ausschließlich der Innovation des Posttextes Tribut zollt. Eine genaue Analyse der Beziehung von Prätext und Posttext ist notwendig, um die Folgen der Bezugnahme für beide Texte zu zeigen; damit gelangen wir erneut zu Amérys Essay.

3.3.1. Jean Améry als „Totologe" - ein Fazit

Hier soll der intertextuelle Bezug herausgearbeitet werden, bevor eine vergleichende Betrachtung der Texte - ihrer jeweiligen Behandlung von Kommunikation - möglich ist.

Amérys Text wird zu Beginn der Notate ausdrücklich eingeführt:

> **24** Jean Améry sagt in seinem durch und durch totologischen Buch 'Hand an sich legen', der Tod nehme die Züge der Un- und Widernatur an. 'Mein Tod ist jenseits von Logik und Gewohnheitsdenken für mich widernatürlich im höchsten Grade, ist vernunft- und lebensverletzend. Der Gedanke an ihn ist nicht auszuhalten.'

---

[231] Der intertextuelle Verweis auf fiktionale Prätexte bietet ja prinzipiell eine Möglichkeit zu potenzierter Fiktionalisierung des Posttextes, s. ebd. S. 88-90.

[232] Vgl. Plett über die jenseits von Zustimmung oder Ablehnung angesiedelte 'Ästhetik der Dekonstruktion', die aus einem axiomatischen Relativismus hervorgeht, ebd. S. 92.

[233] Vgl. ebd. S. 1-6, auch die Textanalyse S. 244-262.

25 Im Sinne von Améry: der unnatürliche Tod ist größer als Gott. Tote sah ein jeder schon einmal, der Gott bleibt stets im ve rborgenen, 'das ist der Trick, von dem er lebt'.[234]

An diesem Zitat lassen sich die im Überblick vorgetragenen Beobachtungen gut belegen und veranschaulichen. Der so respektvoll vorgestellte Prätext fällt als „durch und durch totologische[s] Buch" (Nr. 24) der V ereinnahmung des 'Suizidalisten' anheim; das mit Anführungszeichen kenntlich gemachte Zitat soll das Postulat der 'Totologie' von der Vorherrschaft des Todes über das Leben stützen. Doch schon das darauffolgende Fragment macht die Gewaltsamkeit der V ereinnahmung sichtbar. Aus der U nnatur des bestim mten Todes für den Betroffenen w ird die U nnatur des Todes schlechthin. Das Kontrastprinzip, der W echsel von subj ektiver und intersubjektiver Sicht, ist zugunsten einse itiger Subjektivität aufgegeben. Die Schlußfolgerung, die der T raktat als Meta text in N r. 25 ableitet, ist keineswegs zutreffend. Die um die D ifferenz von ' für den Betroffenen' und ' für den nichtbetroffenen Anderen' gebrachte Unnatur des T odes wird mit einem ebenfalls von Améry entlehnten W ortspiel gegen die Si cherheit des G laubens (deus absconditus) vorgebracht. Im Original:

Der natürlich-unnatürliche Tod ist größer als Gott. Tote sah ein jeder schon einmal, der Gott bleibt stets in Verborgenheit, das ist der Trick, von dem er lebt.[235]

Ohne eine U nterscheidung der zw ei gegensätzlichen Urteile, die im 'natürlichunnatürlichen' Tod zum Ausdruck kommt, ist A mérys Projekt eines ' neuen Humanismus', der gegenseitigen Akzeptanz von Mehrheit und A bweichung hinfällig. Demonstriert wird in Burgers Text die apodiktische Sicht des E inzelnen. Daß sich aber dieser Einzel ne seiner Sache doch nicht so sicher ist, beweist gerade die verzerrende Bezugnahm e auf Prätex te zur Bestätigung und Absicherung. Doch neben der zwiespältigen Ref/verenz is t die intertextuelle K ommunikativität zu beachten: der N r. 25 zugrundeliegende Prät ext ist nur geringfügig verändert - die wichtige Subtraktion von ' natürlich-unnatürlich' zu ' unnatürlich', die Substitution von 'in Verborgenheit' durch 'im verborgenen' -, die durch A nführungszeichen

---

[234] Verweise auf Améry (1994b), S. 49 bzw. 46. Verg leichbar einseitig auch die Verbindung von Nr. 132, wo der Andere ausschließlich als im Suizid Untergehender verstanden wird, zu Améry (1994b), S. 111-126. Großpietsch folg t Burgers Umdeutung des Prätextes, wenn sie die These vom unnatürlichen Tod in Nr. 1 Améry zurechnet, s. Großpietsch (1994), S. 220 (Anm. 6). Auch in ihren Ausführungen zum Traktat als Suizidtheorie scheint Amérys und B urgers Text vermengt, zudem ist die traditionelle Unterstellung der Krankheit des Lebensmüden überdeutlich erkennbar, ebd. S. 222f. (Die bereits erwähnte Ausrichtung auf die Schriftstellerbiographie gipfelt im fragwürdig-suggestiven Hinweis auf Parallelen der Vita Burgers und Amérys, ebd. S. 220 (Anm. 5).)

[235] Améry (1994b), S. 46.

markierte Grenze zwischen Eigen- und Fremdtext ist zwar durch die Modifikation des Originaltextes gerechtfertigt, suggeriert aber fälschlich, der Verfasser des Traktats verfüge über pointierte Schärfe gegenüber der biblischen Vorgabe. Die klare Trennung eigener und fremder Textelemente fehlt. Eine Auseinandersetzung mit der Vorlage wird durch die Verschleierung des eigenen Standpunkts unmöglich. Daß es sich um keine argumentative Beschäftigung mit Amérys Gedankengut handelt, ist schon im Paratext angezeigt, der im Untertitel gewählte Begriff 'Selbsttötung' betont ja gerade das gewalttätige Moment des Suizids, von dem sich Améry mit der Bevorzugung des Lexems 'Freitod' distanziert. Die so von Anfang an signalisierte Ausrichtung hindert den 'Suizidalisten' nicht daran, sich schon vor der zitierten expliziten Einführung Améryscher Reflexionen zu bedienen. Beispielsweise wird in Nr. 18 die „Logik des Todes" ohne nähere Erklärung erwähnt. Ohne Kenntnis des Améryschen Textes, damit des Widerspiels von Lebens- und Todeslogik, bleibt das unmarkierte Zitat im Posttext schlicht unverständlich. Doch wird in einer derartigen Anverwandlung nicht *nur* das rücksichtslose Ausbeuten des Prätextes deutlich, Burgers Text belegt auch die Eindringlichkeit der poetischen Sprache des Essays. Es sind die Phrasen, Metaphern, Wortspiele, die in den Posttext übernommen werden. Einige Beispiele.

> **90** Leicht wird der Suizidär zum Suizidanten, denn der grausame Gott des Selbstmords ist ein hartnäckiger Kavalier.

Hier liegt eine Montage vor: der (schon bei Améry genannte) Alvarez-Titel „Der grausame Gott" wird identifiziert mit einer Metapher Amérys, und zwar „Der Freitod sei ein hartnäckiger Lebensbegleiter - ein Kavalier in Schwarz mit dem bleichen Antlitz des Hauffschen 'Mann im Monde'."[236] Die Anschaulichkeit der Sprache ist offensichtlich so beeindruckend, daß der Traktat unter Hintanstellung der argumentativen Einbettung der Textstellen im Prätext durch Montage an der Poetizität teilzuhaben sucht.

Mit der Zusammenstellung verschiedener Vorlagen kann der Traktat - abhängig naturgemäß vom Vorwissen des Rezipienten - neue Lesarten hervorrufen:

> **176** 'L'échec ultime' ist nach Améry der Tropfen, der das Faß zum Überlaufen bringt.

Amérys Begriff für das endgültige Scheitern wird in diesem Fragment nicht nur salopp erläutert; bedenkt man die wichtigen Prätexte des Traktats, wird eine Verbindung von Amérys Essay mit Zorns „Mars" vorgeschlagen. Im Rahmen der Erklärung seiner Krankheit zum Tode betont Zorn, daß nicht die außergewöhnliche Monströsität der Lebenswelt, sondern das geringfügige Zuviel an vermeintlicher

---

[236] Ebd. S. 87.

'Normalität' für sein Scheitern verantwortlich sei, „[...] daß es zuletzt immer nur ein einzelner Tropfen ist, der das Faß zum Überlaufen bringt."[237] Amérys Essay ist ferner Katalysator zu eigenem Schaffen des 'Suizidalisten':

> 236 Der Suizidant indessen ist noch da, wenn 'er' [der Tod, d. Verf.] da ist, er steht mit einem Bein in der Logik des Lebens, mit dem andern in der Logik des Todes. Wo sich die beiden Systeme kreuzen, wird das Ausharren zur Bermuda-Existenz.

Unbekümmert um Amérys Begrifflichkeit oder seine Erklärung der prekären einzigartigen Situation des Selbstmörders,[238] entwickelt der Traktat mit der 'Bermuda-Existenz' eine Metapher, die sich im folgenden auf die Situation des Selbstmörders wie auf die des Depressiven anwenden läßt. Der 'Suizidalist' greift im Prätext angelegte Textketten auf, um seine Wissensfülle kundzutun,[239] führt seine Virtuosität durch unausgewiesen übernommene Wortspiele vor.[240] Allemal ist die Poetizität der Vorlage Anstoß zu eigenem Schreiben, die inhaltliche Tendenz wird durch die 'totologische' Zuspitzung auf die Sicht des Subjekts vollständig verfälscht. Aus ihrem Zusammenhang gelöst, nehmen sich die Prätextelemente oft komisch aus, so etwa die unvermittelte Betonung der von Améry programmatisch eingesetzten Mehrsprachigkeit:

> 735 Das Prinzip Nihil - und es ist hier wichtig, zwei Sprachen zu wählen - dominiert das Prinzip Etre.

Auch kommentiert der 'Suizidalist' mit makabrem Humor.

> 74 Améry sagt, der Hang zum Freitod sei keine Krankheit, von der man geheilt werden müsse wie von den Masern. Deshalb sagen wir zu einem Suizidär auch niemals 'gute Besserung'.[241]

Als besondere intertextuelle Verfahrensweise - die nach dem erläuterten dreistunbekümmerten Zugriff des 'Totologen' auf seine Vorlagen nicht erstaunt - ist noch zu bemerken, daß Argumente aus einem Prätext gegen ebendiesen selbst vorgebracht werden. So ist von „Human-Suizidologen" (Nr. 188) die Rede, die im emphatisch begriffenen Freitod die Bekräftigung von Humanität, Würde und Freiheit erkennen. Nach markierten und nicht-markierten Zitaten Amérys, die dieses humane Engagement stützen, meldet der 'Suizidalist' seinen Einspruch an: der Freitod wird als Irrtum entlarvt, bewirke der Suizid doch die Aufhebung jedweder Zuständlichkeit statt das Erlangen der persönlichen Freiheit. Damit wird lediglich eine Selbstanfech-

---

[237] Zorn (1996), S. 199. In Burgers Traktat wird Zorns Text v. a. in der Schlußpassage ab Nr. 987 oft zitiert, auch in der Kriegsmetaphorik ist er leicht erkennbar.
[238] Améry (1994*b*), S. 30.
[239] Z. B. Nr. 522 - Améry (1994*b*), S. 81.
[240] Z. B. Nr. 643 als Variation zu Améry (1994*b*), S. 95; Nr. 1043 - Améry (1994*b*), S. 105.
[241] Vgl. Améry (1994*b*), S. 40.

tung Amérys entgegengehalten; so wie der Kontrast von subjektiver und intersubjektiver Sicht übergangen wurde, vernachlässigt der Traktat in diesem Zusammenhang die Unterscheidung vom Entschluß zum Freitod und dessen Ausführung. Der fiktive Autor kann sich als überlegener, skeptischer Denker gebärden, eine dialektische Entwicklung oder Lösung des zu Recht aufgeworfenen Widerspruchs bleibt aus.

An zwei Beispielen soll jetzt das *Vermeiden der Dialogizität* zwischen Prätexten illustriert werden. Der Traktat rückt Amérys Essay zum einen in die Nähe von Ringels psychologischen Hypothesen (Ringel als Repräsentant der unbedingten Suizidprävention ein Antipode des Essays).[242] Zum anderen bleibt die vielversprechende Assoziation von Améry und Cioran folgenlos. Für das erste Beispiel, die Konstellation Améry - Ringel, ist wieder die Metaphorik aufschlußreich. Der Metapher, deren Untersuchung sich ja wiederholt bewährte, sei nochm als eine ausführliche Betrachtung eingeräumt.

Auch die Metaphorik des Traktats ist dem Améryschen Prätext verpflichtet. Die zentrale Metapher des finsteren Raumes wurde mitsamt den anschließenden Metaphern als Mittel der evidenten Argumentation des Améryschen Essays analysiert. Der 'Suizidalist' nimmt eine entscheidende Umdeutung der Metapher des finsteren Raumes vor: im Prätext Modell der Unzugänglichkeit und des Schwellenübertritts von der Lebens- zur Todeslogik, dient sie im Traktat als Modell quälender Enge - „[...] die Verengung der Welt zum 'schwarzen Zimmer' ist schlimmer als jede Folterzelle [...]" (Nr. 141). Dadurch ist es möglich, Amérys Verwendung der Metapher mit derjenigen Ringels, der sich bei der Erklärung der Einengung als Element des praesuizidalen Syndroms der nahezu gleichen Metaphorik in allerdings grundlegend anderer Funktionalisierung bedient, in eins zu setzen.[243] Doch ist die Metapher des finsteren Raumes auch im Traktat nur der Ausgangspunkt für eine Serie anknüpfender Metaphern. Sie erfährt folgende Veränderungen:

> 142 In Ziffer 108 nannten wir das Ringelsche Moment der Einengung des Weltbildes. Wir müssen jetzt noch ausführen, was es heißt, im 'schwarzen Zimmer' zu hocken. Dies ist ein trichterförmig nach unten führendes Ungemach, in dem man weder stehen noch

---

[242] Einen guten Abriß der Forschungen dieses prominenten Suizidologen bietet Ringel (1978). Wenn Ringel als Befürworter der Selbstmordverhütung in strikten Gegensatz zu Amérys Position gestellt wird, macht man sich eigentlich die polemische Spitze gegen die Psychologie aus Amérys Diskurs zu eigen und unterschlägt Ringels freilich vage vorgebrachte Anmerkungen zur Grenze der moralischen Vertretbarkeit in der Suizidprävention, vgl. hierzu ebd. S. 266f., 276f.

[243] An anderer Stelle wird expressis verbis „Ringels und Amérys präsuizidale Komponente der Weltverengung" (Nr. 275) genannt.

> liegen, nur notdurftähnlich hocken kann. Es hat eine Exit-Falltür, welche in die Leichengruft des Alls führt.
>
> 143 Man empfindet eine unaushaltsame Klaustrophobie durch die immer eng er zusammenrückenden Trichterwände der Dunkelkammer, man wird zu nichts zermahlen.

Entwickelt wird die unerträgliche (eventuell demütigende) Haltung des Eingeschlossenen, der einem Sturz in die völlige Vernichtung ausgeliefert ist.[244] Ohne auf strenge Stimmigkeit der Implikationen zu achten, betont das Fragment Nr. 143 die passiv erduldete Zerstörung; es handelt sich um die aus Amérys Text bekannte 'Weininger-Metapher', doch ohne den gegen die näherrückenden Wände anstürmenden Schädel scheint der im Trichter Eingeschlossene ganz und gar wehrloses Opfer.

Die Metapher des finsteren Raumes wird häufig variiert. Sie ist im 'gefangenen Zimmer' erkennbar, in dem der Selbstmörder nach dem Scheitern seiner Tat verängstigt ausharren muß (Nr. 216f.); in diesem Zusammenhang wird Sartres „Huis clos" als Vorlage hinzugezogen (Nr. 213-215, 317f.). Charakterisiert wird der Scheintotenzustand, der laut Traktat Selbstmörder und Depressiven verbindet.

Übernommen wird - sporadisch - die von Améry geforderte Annäherung an die fremde Befindlichkeit.

> 361 Mitreden darf nur, wer da eingetreten ist in die Finsternis, in die Black Box, in die Leichengruft des All.[245]

Hier ist Amérys Grenzübertritt montiert mit Burgers Paraphrase als Black Box und einem Jean Paul-Zitat. Das Fragment ist repräsentativ für die Montagetechnik des Traktats. Wurde die Jean Paulsche 'Leichengruft des All' in der eröffnenden Metapher des Trichters noch eindeutig mit dem Tod (Falltür als Exitus) verbunden, bezeichnet sie nun die Isolation des Lebenden. Nicht eine kohärente Weiterentwicklung der Metapher ist angestrebt, statt einer persuasiv eingesetzten Rhetorik sollen die gleich Versatzstücken gebrauchten Prätextelemente in ihrer jeweiligen Kombination als Stimulans der Leserassoziation wirken. So wird von dem letztgenannten Zitat auch nur das Farbmoment der Black Box fortgeführt.

> 365 Der Depressive befindet sich totologisch gesehen im Wartezimmer, und es ist im Gegensatz zum schwarzen Ungemach des Suizidanten so unendlich weiß wie die Tabletten, die er frißt.

Schwarz und Weiß - in beiden Fällen ist der Leidende in einen Raum gestellt, der als Mangel und Bedrohung empfunden wird, keine Orientierung erlaubt.[246] In einer

---

[244] Intertextueller Bezug auf Jean Pauls „Rede des toten Christus vom Weltgebäude herab, dass kein Gott sei": „Wie ist jeder so allein in der weiten Leichengruft des Alls!", Jean Paul (1996), S. 274.

[245] Vgl. Améry (1994b), S. 21.

ähnlichen Wendung wird der Akt des Selbstmords (wortspielerisch) mit dem Verlust des Augenlichts assoziiert.

> **591** Es gibt einen Ausdruck für das unabgemeldete Verschwinden, der auf den Suizidanten genau zutrifft: 'den Blinden nehmen'. Wir fallen tatsächlich aus dem schwarzen Zimmer ins Blinde.

Insgesamt benutzt der Traktat die vorgegebene Metapher aber nicht nur als Material für eigene Variationen;[247] gelegentlich wird die Vorlage exakt reproduziert (die 'Weininger-Metapher' in Nr. 963) oder auch im Sinne Amérys eingesetzt, um den Anspruch wissenschaftlicher Erklärbarkeit in seine Schranken zu weisen (Nr. 653). Unvermeidliche Veränderungen zeitigt die Isolierung der Elemente aus dem ursprünglichen Kontext, die *vage* Verweisungsfähigkeit entsteht schon durch die neue Kombinationsmöglichkeiten offerierende Fragmentform des Posttextes.

Auf Grund der dargelegten Beobachtungen läßt sich festhalten, daß die Dialogizität zwischen den Prätexten beziehungsweise zwischen Prätext und Posttext im Traktat keinerlei Berücksichtigung erfährt. Amérys und Ringels Position kann um so leichter zusammengezwungen, ja miteinander gleichgesetzt werden, als die darauffolgenden Variationen der entlehnten Metapher ohnehin nur einen augenblickshaften Anspruch erheben. Bevor die Folgen für die Rezeption ausgeführt werden, noch kurz zum zweiten Beispiel. Diesmal handelt es sich um die Zusammenstellung zweier geistesverwandter Autoren.

Cioran wird wie Améry explizit in den Traktat eingeführt; auch in diesem Fall ist die Poetizität der Vorlage Ursache für die intertextuelle Bezugnahme.

> **525** Die Hinterbliebenen wollen sich nur darüber belügen, daß auch sie zur Mafia der Sterblichen gehören.
>
> **526** Daß es eine Mafia ist, bestätigt Amérys Aussage, der Tod nehme die Züge der Un- und Widernatur an. 'Mein Tod ist jenseits von Logik und Gewohnheitsdenken für mich widernatürlich im höchsten Grade, ist vernunft- und lebensverletzend. Der Gedanke an ihn ist nicht auszuhalten.'

Das erste der zitierten Fragmente nimmt einen Aphorismus Ciorans auf. Er lautet:

> Ich versuche erfolglos, auf nichts mehr stolz zu sein. Gelingt es mir, so spüre ich, daß ich nicht zur 'Maffia' der Sterblichen gehöre. Ich stehe dann über allem, über den Göttern selber; vielleicht ist das der Tod: ein Gefühl von großer, extremer Überlegenheit.[248]

---

[246] Zum Schrecken über den Verlust der Objektkonstanz, die mit reinem Schwarz wie Weiß verbundene Grenzerfahrung vgl. Macho (1987), S. 379f.

[247] Weitere Variationen der Metapher z. B. in Nr. 672; eine ähnliche Bildlichkeit bietet der kafkaeske Tunnel, den der Depressive hinabschreitet (Nr. 452).

[248] Cioran (1979), S. 61. Burger bezieht sich auf Ciorans „Die verfehlte Schöpfung", hauptsächlich auf das Kapitel „Begegnung mit dem Selbstmord", ebd. S. 53-71. Einen Kommentar zu diesem Text findet man bei Reschika (1995), S. 93-100.

Im Aphorismus ist die mühsame Distanznahme im Sinne einer Mortifikation des Willens angedeutet. Burgers Text übernimmt die Polemik gegen die 'Mafia der Sterblichen', um die elitäre Stellung des Selbstmörders zu unterstreichen. Der im anschließenden Fragment Nr. 526 beigebrachte Améry läßt damit keinerlei Gemeinsamkeit erkennen. Das so behandelte Améry-Zitat (bereits in Nr. 24 verwendet) weist also auch den mit den Prätexten nicht Vertrauten auf die willkürliche oder gewaltsame Zurichtung der Fremdtexte hin. Dabei könnte die Zusammenstellung von Améry und Cioran durchaus anregend sein. Tatsächlich fordern beide Schriftsteller eine ästhetische Behandlung ihres Gegenstandes, sei es im Essay, sei es im Aphorismus.[249] Als eine grundlegende Verbindung läßt sich die Schopenhauer-Tradition ausmachen,[250] sichtbar in der Bewertung des Willens zum Leben oder der metaphysischen Aufladung des Kunstbegriffs; in dem Denken beider bietet der Suizid eine Möglichkeit, die Würde des einzelnen Menschen zu wahren.[251] Ciorans ausschweifende Phantasie, etwa seine Mutmaßungen über einen 'Omnizid', die Mobilisierung der katharischen Tradition, all das wird gebändigt von seiner Selbstironie, einer allumfassenden Skepsis - ähnlich der unentwegten Selbstkritik Amérys. Einer genauen Lektüre entgehen aber auch nicht Unterschiede, hinsichtlich der Bewertung des Suizids trennt Cioran beispielsweise von Améry, daß er im Freitod ein ausgesprochen aggressives Moment erkennt oder daß er bereits der bloßen Meditation über den Selbstmord eine kathartische Wirkung zuspricht. Das mag als Anstoß zu einer vergleichenden Lektüre der beiden Autoren, die bislang aussteht, genügen.[252]

Die ausführliche Analyse der widersprüchlichen wie der gleichsinnigen Konstellation, in die Amérys Text im Posttext gestellt ist, zeigt den Verzicht des Traktats auf die Spannung zwischen den diversen Texten. Dialogizität zwischen den Prätexten sowie zwischen eigenem und fremdem Text fehlt.[253] Kein Verbinden der verschie-

---

[249] S. zur Form von Ciorans Arbeiten Reschika (1995), S. 32f., 64.
[250] Vgl. ebd. S. 25f.; mit Blick auf den Vergleich mit Améry ist auch die Anmerkung zum Verhältnis von Cioran und dem französischen Existentialismus aufschlußreich, ebd. S. 61.
[251] Allgemein zur Suizidthematik bei Cioran s. ebd. S. 35, speziell zu der von Burger intertextuell verwendeten „Begegnung mit dem Selbstmord" S. 97f.
[252] Eine Verbindung der beiden Autoren wurde in der Améry-Forschung bis heute nur vage angedeutet, vgl. Bondy - selbst Übersetzer Ciorans - (1978a), S. 24; Tunner (1996), S. 254; ein wenig ausführlicher Sebald (1988), S. 318, 322-324.
[253] Evtl. ließe sich an das Kriterium Dialogizität mit Machos Ausführungen zur grundlegenden Opposition eigen - fremd anschließen: der Traktat listet (wie gesehen) die gängigen Todesmetaphern unter Zuhilfenahme zahlreicher Prätexte auf, meidet aber innerhalb der Textstruktur des Posttextes jede Grenzziehung, verhindert das Widerspiel der Texte; vgl. Macho (1987), S. 284-300.

denen Diskurse, das unterschiedliche Textmaterial bleibt bloß aneinandergereiht, ohne erkennbare Wertung oder Stellungnahme ist keine 'Autorpersönlichkeit' zu fixieren. Die Intertextualität ermöglicht gerade nicht die eindeutige (ideologische) Konturierung eines Sprechenden, seiner Präferenzen in Textwahl und Bewertung. Die Funktion der Intertextualität: der Posttext erhält durch die Prätexte eine Sinnkomplexion, aber auf eine bestimmte Aktualisierung des Sinnpotentials der Prätexte wird verzichtet, keinesfalls bezweckt der Traktat somit eine bestimmbare Wirklichkeitsmodellierung. In diesem Zusammenhang sind natürlich mindestens zwei Lesertypen zu unterscheiden.[254] Wer den jeweiligen Prätext nicht kennt, kann (wie gezeigt) trotzdem die gewaltsam zurichtende Verwendung der Quelle bemerken, darüber hinaus durch die Inkongruenz von expliziter Zitatmarkierung und stilistischen und inhaltlichen Merkmalen des Textes an einer zuverlässigen Unterscheidung von Eigen- und Fremdtext zweifeln - und wird schließlich den Versuch eines wohlwollenden, naiv vertrauenden Verstehens aufgeben. Wem die Prätexte bekannt sind, der mag sich auf den 'pla(y)giarism'[255] einlassen, den von Burgers Text gewiesenen Kombinationsmöglichkeiten der Quellen und ihrer Beziehung zum Traktat nachforschen; bei diesem *kreativen Leseakt* muß berücksichtigt werden, daß sich Burgers Text bis auf die Zusammenstellung der Fremdtexte einer Rezeptionssteuerung enthält. Als Ergebnis der Intertextualitätsdiskussion also: Auflösung der bestimmbaren Identität des Schreibenden wie des bestimmten Textsinns (beziehungsweise einer bestimmten Wirklichkeitsmodellierung), diesbezügliche Erwartungen des Lesers werden in der Lektüre enttäuscht und dem sensibilisierten Leser bleibt die Skepsis, darüber hinaus das Aufgreifen des 'pla(y)giarism' in einem kreativen Leseakt.

Die intertextuelle Hypertrophie des Textes ist keinesfalls verwerflich, die Collagetechnik Burgers ist gegen den wie folgt vorgebrachten Einwand in Schutz zu nehmen.

> Burger war immer ein Meister in Auswahl und geschickter Verwendung des Zitats, hier übersteigt der Bezug auf andere Autoren, auf die Apologeten des Freitods und Vertreter des Pessimismus jedes Maß; vor allem 'Hand an sich legen' von Jean Améry wird geradezu geplündert, ohne Sinn für das von der Geschichte dieses Jahrhunderts geprägte, von der behüteten Biographie Burgers so verschiedene Schicksal Amérys.[256]

---

[254] Zur wichtigen Diskussion der Lesertypen vgl. Broich/Pfister (1985), S. 47 (Anm. 34), 95, 117 (Anm. 3) mit Literaturhinweisen, 338f.
[255] Bzgl. Federmans intertextuellem 'pla(y)giarism' s. ebd. S. 270f., 336 (Anm. 13).
[256] Pulver (1978ff.*a*), S. 15 - nebenbei, die Apostrophe Amérys als Apologet des Freitods ist, ruft man sich die hier vorgeschlagene Deutung des Diskurses in Erinnerung, leicht mißzuverstehen.

Die Empörung über die Améry vorenthaltene Würdigung ist vielleicht nachvollziehbar, stellt jedoch kein Bewertungskriterium für Intertextualität dar. Doch auch ohne das Augenmerk auf die Person des Autors zu richten, besitzt der gegen Burgers Text erhobene Vorwurf eine berechtigte Spitze. Präzisiert als Verzicht auf Dialogizität, das heißt als bruchlose Vereinnahmung aller Quellen, trifft er zu, der einzelne Prätext wird seiner besonderen Bedeutung beraubt. Dieses Schicksal teilen die Améryschen Meditationen mit all den anderen Prätexten, eine Dynamisierung des Posttextes durch Spannungen und Brüche bleibt aus.

Die Burgers Text(en) eigene Intertextualität wurde in der Forschung bisher nur oberflächlich mittels *poststrukturalistischer* Literaturtheorie zu erklären versucht. Meist bleibt es dann bei dem Prädikat 'Postmoderne', das mit Beliebigkeit gleichgesetzt wird.[257] Mielczarek weist in diesem Zusammenhang wenigstens in eine ergiebige Richtung:

> Das Erzählen in Burgers Texten ähnelt einer flutartigen Improvisation, deren Sinn stellenweise - wie es etwa in der Konzeption von Roland Barthes der Fall ist - 'nicht in der Mitteilung, sondern vielmehr in diesem System (Zeichensystem)' und in der Originalität der Ausführung über dem Inhalt zu liegen scheint.[258]

Die Verschiebung vom Bezeichneten zum Zeichen(system), vom Erzählten zum Erzählakt, wurde in der vorliegenden Arbeit auch ohne den Bezug auf dekonstruktivistische Literaturtheorie vermerkt. Der Grund des gewahrten Abstands liegt keineswegs in einem Vorbehalt gegenüber der Vereinbarkeit von literaturwissenschaftlich erfaßbarer und deutbarer Intertextualität und dekonstruktivistischer Theorie,[259] sehr wohl aber gegenüber der Vereinbarkeit von dem in der vorliegenden Arbeit als Ausgangspunkt gewählten kommunikationstheoretischen Modell und der konsequenten Dekonstruktion. Wird der universale Textbegriff, Kristevas Intertext, als Pfeiler der Dekonstruktion radikal beibehalten, folgt die Auflösung von Autor-, Text- und Leseridentität, auch die hier als unproblematisch behandelte Kategorisierung von Realität und Fiktion wird wenigstens fragwürdig. Daß sich ein derartiger Ansatz (dann allerdings spezifiziert mit einer genauen Theorieanbindung) fruchtbar machen läßt, sei unbestritten. Man erkannte ja gerade, daß die Bedingungen eines idealen Kommunikationsmodells, das für die Autor-, Text- und Leserposition hinsichtlich Intertextualität Intention - Sinnkomplexion - Erkennbarkeit fordert, in Burgers Text nicht oder zumindest nicht unproblematisch erfüllt

---

[257] Beispielsweise Schön hinsichtlich des „Brenner"-Projekts, Schön (1997), S. 111, 115; ein bißchen präziser bzgl. Burgers Ästhetik Mielczarek (1993), S. 413, 418.

[258] Mielczarek (1993), S. 418.

[259] Vgl. hinsichtlich Intertextualität und Poststrukturalismus Broich/Pfister (1985), S. 202-205, 230, 235f.

werden. Die Erschütterung der Anforderungen einer idealen Kommunikation wird in dem mit der Lektüre fortschreitenden Zerbrechen ebendieses Kommunikationsmodells deutlich (das zudem als einfache, problemlose Mitteilung ständig beschworen wird!) - die prozedierende Erschütterung erfolgt eindringlicher als bei theoretischer Voraussetzung des universalen Intertextes. Erweist sich die Burger-Lektüre so als Anleitung zum Zweifel, zur Dekonstruktion der verbindlich vorgegebenen Identitäten von Autor, Text und Leser, mag eine Erinnerung an die im einleitenden Forschungsüberblick kurz skizzierte Analyse Marie-Luise Wünsches dienlich sein, die sich dem genannten Befund mit umfassender theoretischer Kontextualisierung widmet.

Nach der ausführlichen Untersuchung von Amérys und Burgers Suiziddiskurs mag das vorliegende Ergebnis auf den ersten Blick enttäuschen: der Traktat läßt trotz ständiger Bezugnahme keine kritische Referenz auf Amérys Essay erkennen. Und doch erweist sich eine Zusammenstellung der beiden Texte, obwohl vom Traktat nicht unbedingt gefordert, in einem kreativen Leseakt als hilfreich. Sie lenkt den Blick dann auf die Folgen der Assoziation für Prätext und Posttext. Die leitende These der vorliegenden Arbeit lautete ja, daß die Suizidthematik in beiden Texten Anstoß zur Erprobung der (literarischen) Mitteilbarkeit schlechthin ist; präzisiert im Laufe der Analysen: daß in Amérys Text um die Mitteilung des unmittelbar Erlebten gerungen wird, wohingegen Burgers Text das Scheitern der Mitteilung inszeniert. Daraus folgt hinsichtlich der intertextuellen Verbindung beider Texte, daß ein im Prätext bereits angelegter Konflikt im Posttext - trotz aller Unterschiede - fokussiert wird. Mit den erarbeiteten Ergebnissen (und unter Hervorhebung der einander entsprechenden Momente der Analyse) läßt sich das leicht skizzieren.

- Amérys Essay wird durch die Kontrastierung von individueller Befindlichkeit und deren Mitteilung begründet, die Rede wird durch Assoziation und stete Berichtigung vorangetrieben. Im Traktat ist das Kontrastprinzip aufgegeben, der schillernde 'Suizidalist', in den einander spiegelnden Rollen ohnehin nicht als ausgeführter Charakter auszumachen, beruft sich ausschließlich auf die scheinbar unangreifbare eigene Sichtweise. Ähnlich grobschlächtig hat er einer annähernden Vermittlung des Erlebten nur die Inversion des Gewohnten, bei der die bestehenden Gegensätze ohne die Anstrengung zu einer Überwindung unangetastet bleiben, entgegenzusetzen. Kommunikationsstrategien wie Provokation oder Komik bleiben momenthaft, widersprüchlich, ebenso die Selbstexplikationen des 'Suizidalisten'. Die Referenz seiner Rede auf unzählige Vorlagen meidet Dialogizität, die Auseinandersetzung mit den Bedeutungen der Prätexte ebenso wie die Spannung zwischen Eigen- und Fremdtext - so offenbart das Fehlen einer deutlich umrissenen eigenen Position die

Unsicherheit des Sprechenden, unmittelbares Erleben steht als unverlierbarer Garant nicht zur Verfügung, eine Spannung zwischen der eigenen unverbrüchlichen Gewißheit und deren Mitteilung ist unmöglich.
- Dementsprechend bemüht sich Améry die Sprache sowohl als Medium als auch mit ihren Möglichkeiten für eine nicht immer schon durch Konvention zugerichtete Mitteilung sichtbar zu machen. Burgers 'Suizidalist' bedient sich häufig derselben Techniken (dem Spiel mit Wortherkunft, Klang, etcetera), um seine auf das Medium Sprache beschränkte Macht zu zeigen. Besonders eingehend wurde die Metaphorik der Texte behandelt: in Amérys Essay ein Netz verknüpfter Metaphern, die dem Leser ein Miterleben der Ausführungen ermöglichen und ihn so überzeugen sollen - dieselben Metaphern erscheinen im Traktat als Versatzstücke, die zusammenhangslos den momentanen Einfall in pointierter Formulierung zum Ausdruck bringen.
- Amérys Text relativiert die vorgetragene Position durch die kritische Auseinandersetzung mit Prätexten aus verschiedenen Diskursen, gibt zudem durch Anspielungen das intertextuelle Assoziationsmaterial des Schreibenden zu erkennen; Burgers Traktat zeigt Intertextualität, die Dialogizität meidet und durch Auswahl der Prätexte und Umgang mit den Prätexten kaum Rückschlüsse auf den Schreibenden erlaubt. Allein die Geste des Verfügens über die Quellen bleibt sichtbar, bloße Einverleibung soll dem Traktat die Poetizität der Prätexte sichern. In beiden Texten wird auf diese Weise ein bestimmtes Literaturverstehen vorgeführt, das sich selbstbezüglich als Rezeptionsanweisung an die Leser ebendieser Texte begreifen läßt. Im Essay besonders die Einfühlungshermeneutik, gerechtfertigt durch die Herleitung der literarischen Äußerung aus der Befindlichkeit des Schreibenden. Im Selbsttötungstraktat wird einfühlende Hermeneutik wie rationales Nach-denken abgewehrt, das wird am Umgang mit dem Améryschen Prätext besonders deutlich; statt dessen ist eine überschwenglich spielerische Intertextualität, 'pla(y)giarism' eines homo loquax ohne besondere Rechtfertigung der intertextuellen Bezugnahme oder eindeutige Rezeptionsvorgabe erkennbar. Der Kunst werden in beiden Fällen außergewöhnliche Fähigkeiten zuerkannt, freilich im Essay die verzagte Hoffnung auf die Kunst als Mitteilungsinstrument des Persönlichen, im Traktat beispielsweise das niemals befriedigende Identifikationsangebot der Künstlervita. Ohne Verbrämung der Unterschiede zwischen beiden Texten läßt sich demnach festhalten: *ist Amérys Essay als Bindeglied für eine approximative Verständigung von Autor und Leser eingesetzt, so führt die Lektüre Burgers in den Zweifel an Autor, Text(sinn), Leser als bestimmbaren Momenten der Kommunikation*; oder: *von der Mitteilbarkeit als eigentlichem Gegenstand im Suiziddiskurs ausgehend, inszeniert Burgers Text, was bei Améry als Gefährdung droht.*

Damit ist die Fragestellung der vorliegenden Arbeit beantwortet. Was folgt ist Ergänzung und Ausblick.

3.3.2. Schlagwort 'Therapie'

Die Bezugnahme auf Prätexte kann, indem vorbildhafte Werke oder Identifikationsfiguren genannt werden, als (Versuch der) Rezeptionsanleitung gelten. Das Merkmal steter, oft widersprüchlicher Selbstauslegung wurde bereits eingehend untersucht. Ein Prätext ist in dieser Hinsicht besonders wichtig: Muschgs „Literatur als Therapie?".[260] Da die autotherapeutische Funktion des Schreibens in der Burger-Forschung zum Gemeinplatz geriet,[261] dürfen einige Hinweise nicht unterbleiben. Oft ist der Therapiebegriff dort vage, die Einbeziehung von Muschgs Vorlesung unterschiedlich konsequent gehandhabt.

Im „Tractatus logico-suicidalis" wird Muschgs Text explizit zitiert, der 'Suizidalist' antwortet in einer Apostrophe sogar direkt auf Muschgs Überlegungen.[262] Pulver folgt einer im Traktat gewiesenen Richtung, der Engführung von Kunst und Suizid als Ausdrucksmittel.

> In mancherlei Hinsicht kann der 'Tractatus' als Weiterentwicklung von Adolf Muschgs 'Literatur als Therapie?' gelesen werden. Der Grundgedanke Muschgs, daß nicht Heilung [...], sondern Gelingen das Ziel der Kunst sei, wird bei Burger zu seinem schlimmstmöglichen Ende hinausgedacht; die Lebensbalance, die bei Muschg noch als möglich erscheint, wird aufgehoben, indem der Selbstmord nicht nur als logische Konsequenz, sondern geradezu als eine Art Kunstwerk dargestellt wird.[263]

Gegen diese Lesart meldet Großpietsch zu Recht Zweifel an, wenn sie betont,

> [...] daß seine [des 'Suizidalisten, d. Verf.] Kunsttheorie trotz ansonsten häufiger Berufung auf Adolf Muschgs Poetikvorlesung 'Literatur als Therapie?' bisweilen weniger den Denkstrukturen der Psychoanalyse folgt als denen der romantischen Genieästhetik mit ihrer Selbsterlösung durch das Schaffen, den Leiden und der Größe der Meister.[264]

Die widersprüchlichen Auslegungen gehen auf das Fehlen eines klar bestimmten Kunst- und Therapiebegriffs im Traktat (ganz zu schweigen von einer verbindlichen

---

[260] Muschg (1981).

[261] Gefördert von Burgers diesbezüglichen Angaben, vgl. beispielsweise Burgers eigene Interpretation der „Künstliche[n] Mutter" im Rahmen der Frankfurter Poetik-Vorlesung, Burger (1990a), S. 72-98. Wie bei Burger wird dann auch in der Forschung der Unterschied zwischen Muschgs und Millers Überlegungen vernachlässigt, s. aber Muschg (1981), S. 114-118.

[262] Vgl. z. B. Nr. 367-369, Nr. 721-723, Nr. 943f. und Muschg (1981), S. 81-84, 131-134; in ausdrücklicher Hinwendung Nr. 795 „Für Muschg [...]".

[263] Pulver (1978ff.a), S. 15.

[264] Großpietsch (1994), S. 226f.

Kunsttheorie) zurück. Dabei zeigen die Forschungsmeinungen, daß die Therapievorstellung eine verstärkte Hinwendung zur Autorposition, oft ohne Unterscheidung von realem und fiktivem Autor, mit sich bringt. Der in Burgers Text selbst vage vorgebrachte Ansatz einer Therapiefunktion der Kunst wird einfach aufgegriffen.

Wer abseits von dieser intentionalistischen Lesart den Text in den Vordergrund rückt, kann dennoch zu Ergebnissen gelangen. Hier handelt es sich wieder um einen kreativen Leseakt, der sich von der Intertextualität anregen läßt, vom Traktat jedoch nicht weiterhin gesteuert wird. Beispielsweise können hinsichtlich der Konstellation Muschg - Burger die gemeinsamen Prätexte bemerkt werden, stützt sich Muschg doch in seinen Ausführungen auf die beispielhaften Schicksale Kleists und Zorns.[265] Daneben bietet Muschgs Poetologie eine Mischung aus persönlichem Bekenntnis und abstrahierender Theorie, Burgers Traktat spielt mit Momenten von individuellem Abschiedsbrief und allgemeingültiger Rechtfertigung. Die anthropologische Reflexion Muschgs fußt auf einem strikten Dualismus von Ratio und Sinnlichkeit, allein die Kunst deutet Vermittlung und Ganzheit an - dieser anthropologische Dualismus läßt sich in den Subjektmodellen, die in der Einleitung des Traktats entworfen werden, leicht wiedererkennen. Beide Texte führen verschiedene Diskurstypen zusammen, Muschg die philosophische Ästhetik mit psychoanalytischen Momenten, Burger ästhetisiert psychotherapeutische Kenntnisse. Das sind lediglich einige Assoziationen, angeregt von der Textkonstellation. Eine Fixierung auf die Autorinstanz würde so verhindert, im günstigen Fall entstehen aus der Kombination der Texte Impulse zum Verständnis von Prä- und Posttext.

Wer dennoch unbedingt an der therapeutischen Funktion der Literatur für den Autor festhalten will, kann sich an Muschgs eigenem Burger-Kommentar orientieren.[266] Dort wird die Entstehung der Kunst aus dem Mangel, den sie schein(-)bar bewältigt, die heilsame Einsicht ins Unheilbare, die therapeutische Darstellung des Mangels im Unterschied zur konkret-bewältigenden Lebenskunst, kurz: das ganze Programm aus Muschgs Poetik-Vorlesung angewendet.

Daß der in der Burger-Forschung so bereitwillig übernommene Therapiebegriff von Muschgs Ansatz getrennt wird, trägt selbstverständlich zur Verschwommenheit des Therapiebegriffs bei. Mit dem Verzicht auf die bei Muschg angelegten Differenzierungen droht die Gefahr, endgültig Burgers Selbstauslegungen zu wiederholen oder der Trivialität zu verfallen. Exemplarisch Stocker, der die Therapie unmittelbar

---

[265] Vgl. zu Muschgs Zorn-Lektüre natürlich auch sein Vorwort zu „Mars", Zorn (1996), S. 7-22.
[266] Muschgs Nachwort „Warum schreibt Hermann Burger?", in Burger (1989), S. 83-91.

als Heilung versteht und zu dem Ergebnis gelangt, eine direkte Übereinstimmung von Text und Leben könne wohl nicht vorliegen.[267]

3.4. Reflexe

Das letzte Kapitel weist die Spuren des „Tractatus logico-suicidalis" in anderen Texten Burgers nach. Dieser Seitenblick, der mit dem Traktat als Fokus auf ausgewählte Texte geworfen wird, kann und soll keine Interpretation leisten, sondern ist als Anregung aufzufassen.

Kurz zu der Erzählung „Der Schuß auf die Kanzel",[268] die - zugleich mit dem Traktat entstanden - noch keinen metatextlichen Standpunkt einnimmt. Einige Parallelen: die Erzählung, in der der Briefsteller den Selbstmord seines Freundes Peter Stirner und damit zusammenhängend seine Rachetat zu erklären versucht, läßt sich als Selbstmordnotiz lesen. Ein Vermächtnis, das nun - in der sprachgewaltigen Rede des Freundes - zumindest im nachhinein Anerkennung verlangt und Ernsthaftigkeit unterstreicht.[269] Der Figur Peter Stirner werden Eigenschaften des realen Autors zugeschrieben,[270] allerdings ist die Schriftstellerfigur Stirner genauso deutlich als Komplement des 'Erzählers' (wenn man den Briefsteller überhaupt als solchen bezeichnen kann) angelegt. Auch dieser Text besitzt zahlreiche intertextuelle Bezüge. Allen voran die auto-intertextuelle Vereinnahmung des Romans „Schilten"; der Briefsteller gibt Peter Stirner als Autoren des Burgerschen Romans aus, liefert einen fiktiven Werkstattbericht beziehungsweise wiederholt die Poetologie Stirners - selbstverständlich auch hier der Gesichtspunkt therapeutisches Schreiben. Künstler(biographien) werden als Identifikationsangebot betrachtet. Auffällig ist die polemische Pseudo-Intertextualität, die fiktive Referenz auf die Heilige Schrift, wobei selbstbezüglich das Bestreiten eines Gesprächs mittels der durch Bibelzitate versicherten Autorität kommentiert wird.[271] Kaum überrascht, daß sich Textelemente gleich Mosaikstücken in den Traktat wie in die Erzählung einpassen lassen. Herausgegriffen sei eine Vision des halluzinierenden Stirner:

---

[267] Stocker (1992), v. a. S. 156f. Ohne Berücksichtigung Muschgs fehlt dem Schlagwort 'Literatur als Therapie' das entscheidende Fragezeichen. Vgl. Schön, dessen Studie das Schlagwort ja schon im Titel führt, Schön (1997), besonders S. 119-142.

[268] Burger (1988a). Vgl. Großpietsch (1994), S. 213-218; Schön (1997), S. 98-103.

[269] Burger (1988a), S. 13, 72, 176, 186.

[270] Ebd. S. 182f.

[271] Ipsoreflexiv zur Bibelzitation, ebd. S. 149f. S. zur Auflösung der 'falschen Propheten' Großpietsch (1994), S. 218 (Anm. 12).

[...] und dann plötzlich bist du im schwarzen, konisch nach unten verlaufenden Raum mit der Exit-Falltür, bist aus der Schöpfung ausgestoßen, der Logik des Lebens entfremdet, der Todeslogik verfallen, die da heißt: de nihilo nihil [...].[272]

Die inzwischen vertraute Metaphorik. Améry wird später ausdrücklich zitiert, um seinen Begriff des ' échec ultime' einzuführen.[273] Der Briefsteller nimmt Amérys Begrifflichkeit auf, verzichtet aber auf jedwede Erklärung - es bleibt Montage. Als Präteritio hält der Briefsteller fest, es stehe ihm „im Grunde nicht zu, Spekulationen über die Motive anzustellen, die einen Menschen in den Selbstmord treiben",[274] liefert er doch eine Beschreibung des Stirnerschen Werdegangs zum Suizid hin. Die eigentliche Selbsttötung wird - trotz detaillierter Angaben zur Todesart Vergiften -[275] ausgespart; sie erhält hingegen - ganz im Sinne des Traktats - ein stilistisches Lob, das den Vergiftungstod als angemessene Antwort auf die (Mosersche) Gottesvergiftung würdigt.[276] Eng sind Leid und Kunst assoziiert: der testamentarische Appell Stirners, das Notat „'Schriftsteller sein heißt Sprache haben über den Tod hinaus'",[277] wird auf fiktiver Ebene ja bereits durch den Brieftext des Freundes Umberer erfüllt.

In dem unveröffentlichten Fragment „Die Logik eines Selbstmörders. Eine Suizidographie"[278] wird der Traktat ausdrücklich kommentiert. Die Suizidographie kann als Einlösung des im Traktat Geforderten verstanden werden.

> 347 Der Selbstmörder kann für die Illusion sorgen, daß sein Tun verstanden wird, wenn er zu Lebzeiten einen Suizidographen anstellt. Der Suizidograph als Untergangs-Eckermann hat jeden Schritt zu verbuchen, den sein Auftraggeber tut, jeden seiner Gedanken nachzuzeichnen.[279]

Burger schreibt seine eigene Suizidographie, berichtet scheinbar distanziert von der Figur Hermann Burger. Ausgangspunkt ist die Selbstentleibung der Figur, die eine Lebensbeschreibung auf dieses Ereignis hin erlaubt.

---

[272] Burger (1988a), S. 111, vgl. S. 176.
[273] Ebd. S. 145.
[274] Ebd. S. 175.
[275] Ebd. S. 176f.
[276] Ebd. S. 183.
[277] Ebd. S. 187.
[278] Hermann Burger: „Die Logik eines Selbstmörders. Eine Suizidographie". Unveröffentlicht. Schweizerisches Literaturarchiv (SLA), Bern. Signatur A-06-02. Das Fragment umfaßt ungefähr 100 Seiten, zu dem ersten Drittel des Textes liegen noch zwei Typoskript-Varianten vor. Der Text der Varianten stimmt mit der zitierten Fassung überein, allerdings trägt eine der Varianten den Untertitel „Eine Nekrographie". Alle Materialien findet man unter der angegebenen Signatur. Hier können einige Zitate einen Lektüreeindruck vermitteln, die Wiedergabe längerer Textpassagen ist derzeit leider noch nicht möglich.
[279] Zur 'Suizidographie' als Textform vgl. Nr. 3, Nr. 640.

Die Spannung von Realität und Fiktion *scheint* zugunsten biographischer Dokumentation aufgegeben. Von Anfang an signalisiert der Selbstmord - noch einmal als besonders provokantes Ereignis hervorgehoben - die Fiktionalisierung. Der vermeintlich distanzierte 'Suizidograph' beruft sich in seiner Rekonstruktion des Lebens auf ein Geflecht von Textzeugnissen. Da ist zuerst das Werk des realen Autors zu nennen, das auch unausgewiesen zitiert wird, so wie die einschlägige germanistische Forschung (der sogar anspornende Ermunterung zuteil wird); daneben werden 'Zeugen-Aussagen' und archivierte Stellungnahmen Burgers bemüht, ebenso dessen Korrespondenz, Tagebücher, die sogenannten 'Wachstuchhefte', Therapieprotokolle. Wiederholt beklagt der 'Suizidograph' das Fehlen einiger Quellen. Leben und Werk des Verstorbenen sind durch Interpretation der Textzeugnisse zu begreifen, die Zwangsläufigkeit des Geschehens ist nachzuzeichnen - die Deutung lebensgeschichtlicher Ereignisse ist von der Interpretation literarischer Texte nicht zu unterscheiden. Für seine Aufgabe entwickelt der 'Suizidograph' beispielsweise ein Phasenmodell für Burgers Krankheitsentwicklung, konstatiert den schwindenden Realitätsbezug des Kranken; er gibt aber auch die Rolle des nüchternen Beobachters auf, um das Fehlverhalten der Umgebung des Selbstmörders zu geißeln -[280] hier wieder die Nähe zur Selbstmordnotiz als Hilferuf oder Rache. Pulvers Urteil über Burgers Poetik-Vorlesung läßt sich auf das unveröffentlichte Textfragment übertragen:

> In seinen Selbstinterpretationen zeigt sich eine stupende Fähigkeit, sich selber gleichsam von außen zu sehen, und doch geschieht das, genau besehen, nicht etwa mit fremden Augen, sondern als Anwalt seiner Intentionen, seiner eigenen Befindlichkeit.[281]

Storz, die sich in ihrer Annäherung an Burger wesentlich an dem Textfragment orientiert, bleibt unentschlossen: sie schildert den Text als „[v]ersöhnlich, klar und von Selbstdistanz erfüllt [...]",[282] bemerkt aber die Verfremdung der zugrundeliegenden Dokumente und Ereignisse. Es steht zu befürchten, daß man mit der allzu gutgläubigen Behandlung des Textfragments nochmals die Selbstauslegungen Burgers wiederholt.[283]

---

[280] Die Abkehr von einer unbeteiligten Auflistung der Geschehnisse wird selbst thematisiert (Hermann Burger: „Die Logik eines Selbstmörders. Eine Suizidographie". Unveröffentlicht. Schweizerisches Literaturarchiv (SLA), Bern. Signatur A-06-02. S. 87, 94).

[281] Pulver (1978ff.*a*), S. 13.

[282] Storz (1996), S. 221.

[283] Storz verfährt hinsichtlich der Glaubwürdigkeit des Textfragments nicht konsequent. Ihre Unsicherheit kommt auch in den wechselnden Kategorisierungen als 'Suizidtagebuch' (?), 'Therapietagebuch', etc. zum Ausdruck. Das soll die Qualität ihres Textes, der ja selbst eine Mischung aus poetischem und philologischem Anspruch stellt, nicht beurteilen. Da das Textfragment eine kaum jemals unterbrochene Folie ihrer Annäherung darstellt, können hier nur

Doch unabhängig vom Grad der Fiktionalisierung oder der Verläßlichkeit der zur Schau gestellten Heautoskopie jetzt zur Intertextualität des Fragments. Die Prätexte stimmen mit denen des Traktats überein (zum Beispiel Zorn, Muschg), verstärkt wird psychotherapeutisches Wissen montiert.[284] Andere, ältere Texte Burgers werden mit Hilfe des Traktats und auf diesen hin ausgelegt. Ein Verständnis des Traktats wird zum Ziel der Suizidographie erklärt, wobei der ' Suizidograph' anfangs dessen Erklärungsbedürftigkeit betont.

> Dennoch müssen wir uns hüten, dieses messerscharf abgefasste Dokument, dieses rechthaberische Gesetzeswerk eines Thanatomanen, diesen einmaligen Versuch in der Literatur und Philosophie, eine kaum zu widerlegende 'Logik des Todes' aufzubauen, als definitive 'Ankündigung', als infauste Selbstdiagnose eines zum Letzten entschlossenen Suizidanten zu sehen.[285]

Ein ausführlicher Metatext wird angekündigt - das Versprechen nicht eingelöst. Das Fragment wiederholt mit dem ironischen Lob der Stimmigkeit des Traktats oder der Abstandnahme von einer Ankündigung des Selbstmords lediglich schon Geschriebenes. Der Suiziddiskurs Amérys wird ausgiebig zitiert (wiederum ohne korrekte Markierung von Eigen- und Fremdtext); wesentliche Reflexionen werden auf diese Weise ohne weitere Erklärung oder Motivierung aufgerufen - die Übernahme der Textelemente verrät das Bemühen, an einem schlüssig begründeten Gutheißen des Suizids teilzuhaben.

> Man vergleiche hierzu, Jean Améry, 'Hand an sich legen', speziell seine Aeusserungen über die Logik des Lebens und des Todes: 'Die Todeslogik ist keine im üblichen und allein der Vernunft standhaltenden Sinne, denn sie erlaubt keinen anderen Schluss als nur den einen, immer und immer wieder: nicht ist gleich nicht', wodurch sie in die 'Tautologik' mündet. Vom Sein zum Nichtsein gibt es keine Brücke, daher sind wir so hilflos im Nachdenken über den Tod, daher Jean Paul Sartres Definition: 'Le faux, c'est la mort.' Der Suizidant ist zerrissen zwischen Lebenslogik und Todeslogik, 'darin

---

einige Partien genannt werden, die sich besonders ausführlich mit der „Logik eines Selbstmörders" beschäftigen, ebd. S. 22f., 194f., 221f., 344f. Kritisch und zu Recht stellt Daiber in seiner Rezension die Frage, ob eine biographische Recherche nach all den Selbstauskünften Burgers noch vonnöten sei - zudem eine Recherche, die Burgers Vorgaben so eng verbunden bleibt, s. Daiber (1996).

[284] Vgl. zum Gebrauch der psychotherapeutischen Kenntnisse auch Storz (1996), S. 357f.

[285] Hermann Burger: „Die Logik eines Selbstmörders. Eine Suizidographie". Unveröffentlicht. Schweizerisches Literaturarchiv (SLA), Bern. Signatur A-06-02. S. 1. Die in philologischer Manier eingebrachten Querverweise auf den Traktat lassen erkennen, daß sich die Bezugnahme noch auf eine frühe Variante der publizierten Fassung richtet. Diese Variante befindet sich unter dem Titel „Tractatus logico-suizidalis" (und von Burger versehen mit der Datumsangabe Januar/Februar 1987) im Schweizerischen Literaturarchiv (SLA), Bern. Signatur A-01-13.

besteht die ontisch trübe Einzigartigkeit seiner Situation. Er kennt die Todeslogik oder Todes-Antilogik, auch wenn er nichts darüber zu sagen weiss'.[286] Améry wird als entscheidender Impetus der Arbeit genannt, seine Metaphorik übernommen, der 'échec'-Begriff auf Burgers Leben angewendet. Daß er sich mit seinem Vorgehen oft im Widerspruch zur Améryschen Vorlage befindet, ist dem 'Suizidographen' durchaus bewußt.

> Hier sind wir nun bereits bei der Hätte-, Wenn- und Aber-Logik angelangt, die Jean Améry in seinem für Hermann Burgers letzte Monate so wichtigen Buch 'Hand an sich legen' von sich weist. Améry stellt auch unser Unternehmen, dem wir den Arbeitstitel 'Eine Suizidographie' gaben, in Frage, wenn er schreibt: 'Wo immer der Suizid als ein objektives Faktum betrachtet wird ... entfernt der Betrachter, je mehr Daten und Fakten er sammelt, desto weiter sich vom Freitod. Seine Kategorien, wissenschaftlich verdienstlich, vielleicht sogar therapeutisch brauchbar - nur: was heisst hier schon Therapie? - sind Vehikel, die ihn in ständig akzelerierendem Tempo dem magischen Bannkreis, der 'geschlossenen Welt' entreissen - schliesslich ist seine Entfernung nur noch in Lichtjahren messbar.' Auf Amérys Diskurs werden wir später eingehen, hier bedarf vorerst nur der Ausdruck 'die geschlossene Welt des Selbstmords' aus Alvarez' Buch 'Der grausame Gott' eine Erklärung. Gemeint ist die Situation vor dem 'Absprung' aus der Lebenslogik in die Bereitschaft zum Selbstmord, wo sich die Welt wie zu einer schwarzen Zelle verengt, in die kein Lichtstrahl und kein lebensrettendes Argument mehr eindringt, die hermetische Anti-Logik des Todes. Im 'Tractatus' bemüht sich Hermann Burger ja, diese Anti-Logik zu formulieren. [Textwiedergabe ohne Korrektur der Rechtschreibung, d. Verf.!][287]

Die im Zitat angemahnte Spannung zu Amérys Ausführungen bleibt im Text folgenlos; in der ausgewählten Textpartie ist auch die Allgegenwart der Metapher des finsteren Raumes deutlich, die je nach Kontext modifiziert wird. Als Fazit: das Textfragment führt aus dem Traktat bekannte Merkmale wie das Spiel mit Autobiographie und Fiktionalisierung, unentwegter Selbstauslegung, Intertextualität noch drastischer vor, eine Erklärung des Traktats ist es aber keineswegs. Eher ließe sich überspitzt formulieren: der dem Leser als Spielmaterial bereits ausgehändigte Text wird ein weiteres Mal wiederholt.

In Burgers Nachlaß befindet sich noch ein zweiter Text mit dem Titel „Logik eines Selbstmörders".[288] Hier spricht ein Ich-Erzähler, der sich mit seinen Ausführungen an den 'Herrn Nekrologen' wendet, gleichsam den zukünftigen Vollstrecker der

---

[286] Hermann Burger: „Die Logik eines Selbstmörders. Eine Suizidographie". Unveröffentlicht. Schweizerisches Literaturarchiv (SLA), Bern. Signatur A-06-02. S. 10. Intertextuell verbunden mit Améry (1994*b*), S. 30f.

[287] Hermann Burger: „Die Logik eines Selbstmörders. Eine Suizidographie". Unveröffentlicht. Schweizerisches Literaturarchiv (SLA), Bern. Signatur A-06-02. S. 52; zur Améry-Rezeption vgl. (sofern zugänglich) auch ebd. S. 10, 32, 39.

[288] Hermann Burger: „Logik eines Selbstmörders". Unveröffentlicht. Schweizerisches Literaturarchiv (SLA), Bern. Signatur A-06-02. Das Typskript umfaßt zwölf Seiten, es findet bei Storz (1996) keine Berücksichtigung.

testamentarischen Anordnungen. Auch in dieser Ankündigung einer Bluttat wird dem Traktat besondere Beachtung geschenkt: der Traktat entziehe sich mit seiner absoluten Stimmigkeit jeder erpresserischen oder Betroffenheit heischenden Rezeption. Statt dessen handle es sich um eine philosophische Rechtfertigung des Suizids; allerdings wird der Traktat dann doch mit dem Abschiedsbrief eng assoziiert, da sich die Rechtfertigung des Selbstmords in einem Abschiedsbrief nur dem Umfang nach von dem eigenen Traktat oder Amérys Diskurs unterscheide.[289] In diesem kurzen Text werden also nochmals widersprüchliche Lesarten des Traktats demonstriert.

Als formale Parallele zum „Tractatus logico-suicidalis" sei noch das unveröffentlichte Textbruchstück „'Ich will da raus!' Rechtskräftiges Manifest eines Manisch-Depressiven" genannt.[290] Erprobt wird die strenge Paragraphenform. In den zwei ausgeführten Paragraphen wird das Leiden der Depression geschildert, vor dem der Suizid nur noch als Hilferuf um Aufmerksamkeit und Zuwendung verstanden werden könne.

Nicht nur durch die unveröffentlichten Materialien, auch durch die Romane des „Brenner"-Projekts zieht sich die Traktatspur.[291] Im ersten Band „Brunsleben" wird die Krankheit des Ich-Erzählers, die Depression, zusehends Erzählgegenstand. Betont wird die Isolation des Kranken - an die das Erleben von Ohnmacht und Macht des Subjektivismus anschließt. Einerseits wird der Ausschluß als schmerzhaft empfunden und legt Suizidvorhaben nahe, andererseits befreit die Isolation von allen Rücksichten, der Erzähler läßt nur noch die eigene Sichtweise gelten, setzt die subjektive Aufrichtigkeit absolut. Die psychotherapeutische Hilfe, aber auch die Verbindung von Krankheit und künstlerischem Schaffen wird skeptisch beurteilt.[292] Im zweiten, unvollendeten Band „Menzenmang" drängt sich der Gegenstand Depression dann endgültig vor das ursprüngliche Anliegen, die zur Selbstvergewisserung angestrengte Kindheitserinnerung. Ausführlich behandelt der Erzähler sein psychisches Leiden und die Versuchung des Selbstmords. Intertextuell treten neben die Repräsentanten der Psychiatrie deshalb auch dem Suizid geneigte Quellen. Auto-intertextuell wird der Selbsttötungstraktat des (anagrammatischen) Gruber besprochen; der hospitalisierte Erzähler, der im Auftrag der Klinikleitung

---

[289] Hermann Burger: „Logik eines Selbstmörders". Unveröffentlicht. Schweizerisches Literaturarchiv (SLA), Bern. Signatur A-06-02. S. 7.
[290] Hermann Burger: „'Ich will da raus!' Rechtskräftiges Manifest eines Manisch-Depressiven". Unveröffentlicht. Schweizerisches Literaturarchiv (SLA), Bern. Signatur A-01-17.
[291] Burger (1990b) und Burger (1992). Informationen bei Großpietsch (1994), S. 229-252; Schön (1997), S. 103-118; zur Intertextualität Nölle (1994).
[292] Vgl. zur Depression samt Folgen Burger (1990b), S. 288-292, 318-321, 326-328, 330.

eine „Public-relations-Schrift gegen den Tod"[293] anfertigen soll, erfährt zunächst gerüchteweise von Grubers/Burgers Traktat,

> [...] von den skandalösen, pseudologisch von 1 bis 1046 durchnumerierten Thesen, die offenbar den einzigen Zweck verfolgten, einem wie auch immer schwer von seinem Schicksal Gebeutelten den Lebensappetit zu rauben.[294]

Der Traktat als Provokativum, dem der erzählende Brenner mit Befremden gegenübersteht. Er wählt dann einzelne Passagen des Traktats aus, um sie als abstrus abzutun oder auch zustimmend zu bekräftigen.[295] So wird er an späterer Stelle, während die mangelnde Aufmerksamkeit für den an Depression Leidenden beklagt wird, auf den Traktat Grubers/Burgers zurückkommen:

> Insofern stimmte schon, was dieser Gruber in seinem Selbstmord-Traktat geschrieben hatte. Erst mit dem Unglück selbst war der Beweis erbracht, wie dringend Hilfe gewesen wäre.[296]

Mit dieser Affirmation, die ja keineswegs dem ganzen Traktat gerecht wird, demonstriert der Erzähler Brenner eine Rezeptionsweise des Textes: ein einzelnes Moment wird unbekümmert um Zusammenhang und Widersprüche als Anregung aufgenommen, eine umfassende Deutung ist nicht angestrebt.

Als Ergebnis der Suche nach Reflexen, die von anderen, zum Teil unveröffentlichten Texten Burgers auf den Traktat zurückgeworfen werden: Textelemente des Traktats sind - oft unverändert - in die untersuchten Texte eingegangen. Wichtiger ist hier der auto-intertextuelle Kommentar zum Traktat. Immer wieder wird die Anstößigkeit der Schrift beschworen, der Anspruch auf Stimmigkeit wird bekräftigt oder ironisch zurückgewiesen, dem entsprechend verschiedene Rezeptionsvarianten durchgespielt - die Verteidigung als philosophisches Unterfangen, die Lesart als Abschiedsbrief oder die befremdete Reaktion auf eine literarische Skurrilität. Unter dem Gesichtspunkt der Selbstauslegung schreiben die anderen Texte also den Traktat fort, ohne die Lektüre durch grundlegend neue Lesarten oder Erklärungen zu bereichern.

---

[293] Burger (1992), S. 79, 97.
[294] Ebd. S. 27. Der Schriftsteller Gruber wird bereits im Band „Brunsleben" eingeführt (dort jedoch mit Bezugnahme auf einen anderen Text Burgers), Burger (1990*b*), S. 100f.
[295] Burger (1992), S. 27f.
[296] Ebd. S. 76.

4. Schlußbemerkung

Ein knapper Rückblick zeichnet den Gang der Untersuchung nach und ruft wichtige Analyseschritte in Erinnerung.

Als Fundament der Améryschen Meditationen wurde die Oszillation von unmittelbar-subjektivem Erleben und dessen Mitteilung ausgemacht. Um sein Projekt zu verwirklichen, bedient sich Améry des Essays, in seiner Handhabung eine Textform, die sich mit rhapsodischem Gestus an einfühlendes Verstehen, das Miterleben des Rezipienten wendet, ohne doch auf (selbst)kritisches Hinterfragen zu verzichten. In diesem Zusammenhang wurden die Möglichkeiten und Grenzen einer Anwendung von Adornos Reflexionen über den Essay erprobt. Ausführlich widmete sich die Untersuchung der für Amérys Projekt unabdingbaren 'poetischen' Sprache, insbesondere der Metapher. Gerechtfertigt durch Blacks Interaktionstheorie der Metapher, wurde die Funktion des Tropus in den Meditationen bestimmt: das Metapherngeflecht stützt Amérys Diskurs dort, wo argumentativ Verschiebungen vorliegen, vor allem aber lädt es zu mitfühlender Rezeption ein. Die durch Metaphern entworfenen Modelle für das Erleben des Selbstmörders konnten auch durch Machos Herleitung der Todesmetaphern erfaßt werden. Neben Essay und poetischem Idiolekt wurden intertextuelle Bezüge als Mittel relativierender Kritik und als Versuch zur suggestiven Verständigung (via Teilhabe an Dichtung) untersucht.

Bei Überlegungen hinsichtlich der Textsorte von Burgers Traktat stellte sich die Frage nach Fiktionalität und Konzision - der Appellstruktur des Textes, der Beteiligung des Lesers. Daran anschließend wurde das Spiel mit den realen und fiktiven Autorinstanzen untersucht, die enge Verknüpfung der verschiedenen Figuren, damit die Einbindung der Schriftstellerfigur Hermann Burger in einem Netz einander zugeordneter Rollen belegt; der Lektürevorgang als Sinndeutung oder -schöpfung wird selbstbezüglich inszeniert, die von den Figuren der Einleitung vorweggenommenen Lesarten des Textes drängen den Leser als unmittelbaren Kommunikationsteilnehmer zurück. Der 'Suizidalist', ungreifbarer fiktiver Autor der Fragmente, liefert eine Anhäufung traditioneller Todesmetaphern; statt den Akt des Suizids erhellen zu können, nutzt er seine - auf das Medium Sprache beschränkten - Fähigkeiten zu permanenter Selbstauslegung, Thematisierung des Schreibakts. Intertextuell sind im Selbsttötungstraktat Prätexte ohne argumentative Auseinandersetzung montiert - ausführlich belegt durch den Umgang mit Amérys Diskurs, dem quantitativ wichtigsten Bezugstext. Die Geste der Zitation ist entscheidend, unabhängig von der Tendenz des Zitierten oder der Grenze zwischen Eigen- und Fremdtext - Dialogizität wird verhindert. Unbrauchbar wird somit ein Kommunikationsmodell, das bei Intertextualität rekonstruierbare A utorintention, Mehrfachkodierung des Textes und E rkennbarkeit für den L eser grundsätzlich voraussetzt. Daß die V erfolgung der derart als Spielmaterial dargebotenen Intertextualität in einem kreativen L eseakt durchaus Ergebnisse zeitigt, soll die vorliegende Arbeit bestätigen. Obwohl die Konstellation Am éry - Burger für das Verstehen der beiden Texte nicht unum gänglich ist, war das heuristische In-Beziehung-Setzen fruchtbar. Die im Laufe der U ntersuchung ausgearbeitete These, wonach bei A méry eine Mitteilung des ' vécu' erstrebt wird, während Burger das Scheitern der Kommunikation in Szene se tzt, hat als Fokus der A nalyse eine Deutung von Prätext und Posttext gefördert (man vergleiche hierzu das Fazit am Ende des K apitels 3.3.1, S. 89f.). Abschließend wurde der G emeinplatz eines therapeutischen Schreibens - als besonders beliebte (Selbst-)A uslegung Burgers - problematisiert. Die Spurenanalyse in anderen Texten Burgers zeigte, daß Momente des Traktats, vor allem die dort schon enthaltenen Selbstauslegungen, später wiederholt und fortgeschrieben w erden. Soweit der Rückblick auf den Suiziddiskurs bei Jean Améry und Hermann Burger.

A ls Schlußwort eine Bem erkung zu den Schwierigkeiten, auf die zukünftige Arbeiten zu den ausgew ählten Texten (und Autoren) treffen. Amérys Projekt verdient auch heute, mehr als drei Ja hrzehnte nach dem Erscheinen des E ssays, Aufmerksamkeit. Lembach hält in ihrer Foucault-nahen Diskursanalyse fest:

> Sämtliche Suiziddiskurse sind nicht auf eine Erhellung der suizidalen Befindlichkeit im Sinne einer Améry schen Fühlungnahme mit der 'condition suicidaire' aus, sondern stellen nach Maßgabe ihrer Verwurzelung in archetypischen Ängsten und traditionellen Topoi Fragen, die im Dienst der Suizidvermeidung stehen.[297]

Soll Amérys Forderung m obilisiert, sein Pr ojekt nicht allein unter germ anistischen Gesichtspunkten untersucht w erden, ist zuerst w ohl die enge A nbindung an den Existentialismus zu lockern. Eine Übersetzung der existentialistischen Denkfiguren in (alternative) zeitgenössische Begrifflichkeit und T heorie kann sowohl Berechtigung als auch Schw äche der A méryschen Überlegungen offenbaren.[298] Aus literaturwissenschaftlicher Perspektive ist die noch im mer andauernde ästhetische Auseinandersetzung mit Amérys Text natürlich besonders interessant, wenn etwa, um nur ein Beispiel zu geben, in einer Stuttgarter A ufführung von K anes „Gesäubert" (unter der Regie von K ušej) Texte Amérys in den Dramentext eingefügt

---

[297] Lembach (1997), S. 96.
[298] Vgl. beispielsweise Seiberts Andeutungen zur Übe rsetzung des Existentialismus in andere 'Philosophien', Seibert (1997), v. a. S. 160-164.

werden.²⁹⁹ Die Gefahren der Burger-Forschung wurden ja in der vorliegenden Arbeit wiederholt vorgestellt, insbesondere der für die wissenschaftliche Arbeit unumgängliche Abstand zu Idolatrie muß erst erworben werden, will man über Burgers eigene Deutungen und 'Rezeptionsvorschriften' hinausgelangen. Einen zusätzlichen Anreiz zu weiterer Forschung bietet sicherlich der inzwischen weitgehend zugängliche literarische Nachlaß des Schriftstellers. Burgers - zugegeben: eloquente und verführerisch eingängige - Selbstauslegungen besitzen eine so starke Überzeugungskraft, daß noch eine Erinnerung zum zehnten Todestag eigenhändig verfaßt scheint.³⁰⁰ Doch unbestritten sei, daß auch von den vorwiegend dem Erinnern an Burger gewidmeten Veranstaltungen Anregungen für die bislang noch verhältnismäßig leicht überschaubare Forschung ausgehen können; so beschränkten sich zum Beispiel die jüngsten Winterthurer Literaturwochen, die sich während des Zeitraums vom 9. bis zum 24. Oktober 1999 (neben Bernhard) mit Burger auseinandersetzten, nicht auf die Aufführung des Werkes durch Lesungen, sondern forderten durch Informationen über den literarischen Nachlaß oder eine (auch) literaturwissenschaftlich besetzte Gesprächsrunde zur germanistischen Arbeit auf.³⁰¹ Man darf auf den weiteren Umgang mit dem Werk dieses Schriftstellers gespannt sein.

---

[299] Laut Höbels Rezension, Höbe 1 (1999). Wiederholte Bemühungen, Einsicht in diesen (mittels Montage Améryscher Textteile veränderten) Dramentext zu erhalten, blieben leider erfolglos.
[300] Matt (1999). Exemplarisch auch die vorsichtige Problematisierung des Verhältnisses von Empirie und Fiktionalisierung bei Dean (1998), S. 148-153, insb. S. 151f.
[301] Die Informationen sind dem Programmheft „Litera'thur. Literaturwochen Winterthur 9. bis 24. Oktober 1999" entnommen.

5. Literaturverzeichnis

Für Literaturnachweise wird in de r vorliegenden A rbeit folgendes Schema verwendet: Verfasser (Erscheinungsjahr *ggf. mit Kleinbuchstabe).* Der i m Literaturverzeichnis dem Erscheinungsjahr bei Bedarf angefügte *Kleinbuchstabe* ermöglicht die eindeutige Referenz der Sigle. (Ausnahme: Unveröffentlichte Quellen sind bei jeder Nennung mit vollständigen Angaben ausgewiesen.)
Werden einzelne Texte aus Herausgeberschriften (mit verschiedenen Beiträgern und ohne systematische Verflechtung der T exte) zitiert, findet sich im Verzeichnis ein Eintrag sowohl des V erfassers als auch des Sam melwerks unter dem Namen des Herausgebers.
Da im Pseudonym 'Jean Améry' - als Ü bersetzung und A nagramm - deutlich der Vor- und Nachname Hans Maier erkennbar blei ben, ist der nom de plum e nicht als einfache Wendung eingeordnet. Dasselbe gilt natürlich auch für das Pseudony m des Jugendlichen: 'Hanns Mayer'.

Quellen

[Améry, Jean]: Auszüge aus der öffentlichen Podium sdiskussion „Freiheit zum Tode?" u. a. mit Jean Améry und Gabriele Wohmann. In: Selbstm ordverhütung. Anmaßung oder V erpflichtung. Mit Beiträgen von Jean A méry, Gabriele Wohmann u. a. Hg. von Hermann Pohlmeier. 2., erweiterte und verbesserte A ufl. Düsseldorf, Bonn: Parerga 1994 *a* (Schriften der Deutschen Gesellschaft für Humanes Sterben e. V.; Bd. 1). S. 17-27.
Améry, Jean: Bücher aus der Jugend uns eres Jahrhunderts. Mit einem Vorwort von Gisela Lindemann. Stuttgart: Klett-Cotta 1981.
Améry, Jean: Hand an sich legen. Diskurs über den Freitod. 7. Aufl. Stuttgart: Klett-Cotta 1994*b* (Cotta's Bibliothek der Moderne; Bd. 21).
Améry, Jean: Hand an sich legen. Exposé. In: Hermannstraße 14. Halbjahrsschrift für Literatur. Sonderheft Jean A méry. Hg. von H elmut Heißenbüttel und Bernd Jentzsch. Stuttgart: Klett-Cotta 1978. S. 15-21.
Améry, Jean: Der integrale Humanismus. Kritiken eines L esers 1966-1978. Hg. und mit einem Nachwort versehen von H elmut Heißenbüttel. Stuttgart: K lett-Cotta 1985.
Améry, Jean: Jenseits von Schuld und Sühne. Bewältigungsversuche eines Ü berwältigten. 3. Aufl. Stuttgart: Klett-Cotta 1997*a*.
Améry, Jean: L efeu oder der A bbruch. Konzept zu einem Roman-Essay. In: Jean Améry. Unterwegs nach Oudenaarde. Bearbeitet von Friedrich Pfäfflin (... für die Ausstellung vom Oktober 1982 bis Januar 1983 im Schiller-Nationalmuseum. Mit einem Verzeichnis der ausgestellten Stücke als Beilage.). Hg. von Bernhard Zeller. Marbach: Deutsche Schillergesellschaft 1982*a* (Marbacher Magazin; Bd. 24). S. 50-57.

Améry, Jean: Lefeu oder Der Abbruch. Roman-Essay. Stuttgart: Klett-Cotta 1982*b* (Cotta's Bibliothek der Moderne; Bd. 3).

Améry, Jean: Ludwig Wittgenstein im Rückblick. Zum 25. Todestag (29. 4. 1976). In: Merkur 30 (1976). S. 991-995.

Améry, Jean: Rendezvous in Oudenaarde. Projekt einer Novelle. In: Jean Améry. Unterwegs nach Oudenaarde. Bearbeitet von Friedrich Pfäfflin (... für die Ausstellung vom Oktober 1982 bis Januar 1983 im Schiller-Nationalmuseum. Mit einem Verzeichnis der ausgestellten Stücke als Beilage.). Hg. von Bernhard Zeller. Marbach: Deutsche Schillergesellschaft 1982*c* (Marbacher Magazin; Bd. 24). S. 73-79.

Améry, Jean: Revision in Permanenz. Selbstanzeige im Zweifel. In: Jean Améry. Unterwegs nach Oudenaarde. Bearbeitet von Friedrich Pfäfflin (... für die Ausstellung vom Oktober 1982 bis Januar 1983 im Schiller-Nationalmuseum. Mit einem Verzeichnis der ausgestellten Stücke als Beilage.). Hg. von Bernhard Zeller. Deutsche Schillergesellschaft 1982*d* (Marbacher Magazin; Bd. 24). S. 1-4.

Améry, Jean: Über das Altern. Revolte und Resignation. 6. Aufl. Stuttgart: Klett-Cotta 1997*b*.

Améry, Jean: Die unbekannten Größen. In: Leben müssen - sterben dürfen. Die letzten Dinge, die letzte Stunde. Hg. von Werner Höfer. Bergisch Gladbach: Gustav Lübbe 1977. S. 110-116.

Améry, Jean: Unmeisterliche Wanderjahre. Aufsätze. Ungekürzte Ausg. München: Deutscher Taschenbuch Verlag 1989.

Améry, Jean: Weiterleben - aber wie? Essays 1968-1978. Hg. und mit einem Nachwort versehen von Gisela Lindemann. Stuttgart: Klett-Cotta 1982*e*.

Améry, Jean: Widersprüche. Stuttgart: Klett 1971.

Bernhard, Thomas: Der Stimmenimitator. Frankfurt a. M.: Suhrkamp 1987 (Suhrkamp Taschenbuch; Bd. 1473).

Büchner, Georg: Werke und Briefe. Münchner Ausgabe. Hg. von Karl Pörnbacher, Gerhard Schaub, u. a. 3. Aufl. München: Deutscher Taschenbuch Verlag 1992.

Burger, Hermann: Die allmähliche Verfertigung der Idee beim Schreiben. Frankfurter Poetik-Vorlesung. Frankfurt a. M.: S. Fischer 1990*a* (Collection S. Fischer; Bd. 48).

Burger, Hermann: Als Autor auf der Stör. Frankfurt a. M.: S. Fischer 1987 (Collection S. Fischer; Bd. 53).

Burger, Hermann: Brenner [Band 1: Brunsleben]. Roman. Frankfurt a. M.: Suhrkamp 1990*b*.

Burger, Hermann: Brenner. Zweiter Band (Kapitel 1-7). Menzenmang. Frankfurt a. M.: Suhrkamp 1992.

Burger, Hermann: Erzählungen. Ausgewählt von Marcel Reich-Ranicki. Einmalige Sonderausgabe. Frankfurt a. M.: S. Fischer 1994.

Burger, Hermann: Kirchberger Idyllen. Frankfurt a. M.: S. Fischer 1986 (Collection S. Fischer; Bd. 14).

Burger, Hermann: Die Künstliche Mutter. Roman. Frankfurt a. M.: Fischer Taschenbuch 1993.

Burger, Hermann: Der Puck. Erzählungen. Nachwort von Adolf Muschg. Stuttgart: Reclam 1989 (Universal-Bibliothek; Nr. 8580).
Burger, Hermann: Schilten. Schulbericht zuhanden der Inspektorenkonferenz. Frankfurt a. M.: Fischer Taschenbuch 1996.
Burger, Hermann: Der Schuß auf die Kanzel. Eine Erzählung. Zürich: Ammann 1988*a*.
Burger, Hermann: Tractatus logico-suicidalis. Über die Selbsttötung. Frankfurt a. M.: S. Fischer 1988*b*.
Goethe, Johann Wolfgang: Goethes Werke. Hamburger Ausgabe. Band III. Dramatische Dichtungen I. Textkritisch durchgesehen und kommentiert von Erich Trunz. Sonderausgabe. München: C. H. Beck 1998.
Hölderlin, Friedrich: Gedichte. Hg. und mit Erläuterungen versehen von Jochen Schmidt. Frankfurt a. M.: Insel 1984 (Insel Taschenbuch; Bd. 781).
Jean Paul: Sämtliche Werke. Abteilung 1, Band 2. Siebenkäs. Flegeljahre. Hg. von Norbert Miller. Nachwort von Walter Höllerer. Frankfurt a. M.: Zweitausendeins 1996.
Kersten, Paul: Absprung. Roman. Ungekürzte Ausgabe. München: Deutscher Taschenbuch Verlag 1985.
Mayer, Hanns: Die Schiffbrüchigen. (Inhalts-Umriß). In: Jean Améry. Hg. von Heinz Ludwig Arnold. Text und Kritik Heft 99 (Juli 1988). S. 30-32.
Nietzsche, Friedrich: Nachgelassene Fragmente 1884-1885. Kritische Studienausgabe. Band 11. Hg. von Giorgio Colli und Mazzino Montinari. 2., durchgesehene Aufl. München: Deutscher Taschenbuch Verlag / Berlin, New York: Walter de Gruyter 1988.
Schnitzler, Arthur: Der blinde Geronimo und sein Bruder. Erzählungen 1900 - 1907. Frankfurt a. M.: Fischer 1997.
Strauß, Botho: Paare, Passanten. Ungekürzte Ausg. 7. Aufl. Deutscher Taschenbuch Verlag 1994 (dtv; Bd. 10250).
Strauß, Emil: Freund Hein. Roman. Ungekürzte Ausgabe. München: Deutscher Taschenbuch Verlag 1987.
Zorn, Fritz: Mars. Mit einem Vorwort von Adolf Muschg. Frankfurt a. M.: Fischer Taschenbuch 1996.

Quellen aus dem literarischen Nachlaß Hermann Burgers

Burger, Hermann: Fahndungsnacht in Göschenen. [Fragment und zwei Varianten.] Unveröffentlicht. Schweizerisches Literaturarchiv (SLA), Bern. Signatur A-01-17.
Burger, Hermann: „Ich will da raus!" Rechtskräftiges Manifest eines Manisch-Depressiven. Unveröffentlicht. Schweizerisches Literaturarchiv (SLA), Bern. Signatur A-01-17.
Burger, Hermann: Logik eines Selbstmörders [beg. 4. 1. 87]. Unveröffentlicht. Schweizerisches Literaturarchiv (SLA), Bern. Signatur A-06-02.
Burger, Hermann: Die Logik eines Selbstmörders - Eine Nekrographie. Unveröffentlicht. Schweizerisches Literaturarchiv (SLA), Bern. Signatur A-06-02.

Burger, Hermann: Die Logik eines Selbstmörders. Eine Suizidographie. [Zwei Varianten.] Unveröffentlicht. Schweizerisches Literaturarchiv (SLA), Bern. Signatur A-06-02.

Burger, Hermann: Tractatus logico-suicidalis. Über die Selbsttötung. [Variante.] Unveröffentlicht. Schweizerisches Literaturarchiv (SLA), Bern. Signatur A-01-13.

Burger, Hermann: Tractatus logico-suizidalis. [Vier Varianten.] Unveröffentlicht. Schweizerisches Literaturarchiv (SLA), Bern. Signatur A-01-13.

Burger, Hermann: Der Zauberer und der Tod. [Zwei Varianten.] Unveröffentlicht. Schweizerisches Literaturarchiv (SLA), Bern. Signatur A-01-17.

Forschungsliteratur, Rezensionen, Literaturtheorie und Philosophie

Adorno, Theodor W.: Minima Moralia. Reflexionen aus dem beschädigten Leben. 22. Aufl. Frankfurt a. M.: Suhrkamp 1994*a* (Bibliothek Suhrkamp; Bd. 236).

Adorno, Theodor W.: Noten zur Literatur. Hg. von Rolf Tiedemann. 6. Aufl. Frankfurt a. M.: Suhrkamp 1994*b* (Suhrkamp-Taschenbuch Wissenschaft; Bd. 355).

Alvarez, A[lfred]: Der grausame Gott. Eine Studie über den Selbstmord. Übertragung: Maria Dessauer. Hamburg: Hoffmann und Campe 1974.

Amanshauser, Gerhard: Zwischen Positivismus und Dialektik. In: Jean Améry (Hans Maier). Mit einem biographischen Bildessay und einer Bibliographie. Hg. von Stephan Steiner. Basel, Frankfurt a. M.: Stroemfeld 1996 (Nexus; Bd. 21). S. 183-195.

Andersch, Alfred: Anzeige einer Rückkehr des Geistes als Person. In: Merkur 25 (1971). S. 689-700.

Ariès, Philippe: Geschichte des Todes. Aus dem Französischen von Hans-Horst Henschen und Una Pfau. 7. Aufl. München: Deutscher Taschenbuch Verlag 1995.

Arnold, Heinz Ludwig (Hg.): Jean Améry. Text und Kritik Heft 99 (Juli 1988).

Austin, John L.: Zur Theorie der Sprechakte (How to do things with words). Deutsche Bearbeitung von Eike von Savigny. 2. Aufl. Stuttgart: Reclam 1994 (Universal-Bibliothek; Nr. 9396).

Baechler, Jean: Tod durch eigene Hand. Eine wissenschaftliche Untersuchung über den Selbstmord. Frankfurt a. M., Berlin, Wien: Ullstein 1981.

Bächtold-Stäubli, Hanns (Hg.): Handwörterbuch des deutschen Aberglaubens. Hg. unter besonderer Mitwirkung von E. Hoffmann-Krayer und Mitarbeit zahlreicher Fachgenossen. Band VII. Berlin und Leipzig: Walter de Gruyter & Co 1935/1936 [Stichwort 'Selbstmörder' Sp. 1627-1634].

Baden, Hans Jürgen: Die Flucht in das Nichts. Ist der Freitod ein Privileg des Humanen? In: Lutherische Monatshefte 15 (1986). S. 613-616.

Baier, Lothar: Lehrstück Frankreich. Jean Amérys lange Reise von der Résistance zur Resignation. In: Jean Améry. Hg. von Heinz Ludwig Arnold. Text und Kritik Heft 99 (Juli 1988). S. 44-55.

Beckermann, Thomas: Kritiker - Lektor - Autor. In: Über Literaturkritik. Hg. von Heinz Ludwig Arnold. Text und Kritik Heft 100 (Oktober 1988). S. 77-81.

Beckermann, Thomas: Schreib-Existenz. Hermann Burger, „Die allmähliche Verfertigung der Idee beim Schreiben" (1986). In: Poetik der A utoren. Beiträge zur deutschsprachigen Gegenwartsliteratur. Hg. von Paul Michael L ützeler. Frankfurt a. M.: Fischer Taschenbuch 1994 (Fischer-Taschenbuch; Bd. 11387). S. 155-167.

Benjamin, Walter: Einbahnstraße. 13. Aufl. Frankfurt a. M.: Suhrkamp 1997 (Bibliothek Suhrkamp; Bd. 27).

Bense, Max: Über den Essay und seine Prosa. In: Merkur 1 (1947). S. 414-424.

Bier, Jean Paul: Zum Begriff der Stilrelevanz. Mehrsprachige Stellen in „Lefeu oder der (sic) A bbruch" von Jean Améry. In: Jahrbuch für Internationale G ermanistik 11 (1979) H. 1. S. 36-55.

Bittrich, Dietmar: Ich sterbe, also bin ich. Hermann Burgers A nsichten über Mord und Selbstmord. In: Rheinischer Merkur / Christ und Welt, 25. 3. 1988.

Black, Max: How Metaphors Work: A Replay to D onald Davidson. In: D ers.: Perplexities. Rational Choice, the Prisoner's Dilemma, Metaphor, Poetic Ambiguity, and Other Puzzles. Ithaca and London: Cornell University Press 1990. S. 77-91.

Black, Max: Mehr über die Metapher. In: Theorie der Metapher. Hg. von Anselm Haverkamp. 2., um ein N achwort zur Neuausgabe und einen bibliographischen Nachtrag ergänzte Aufl. Darmstadt: Wissenschaftliche Buchgesellschaft 1996*a*. S. 379-413.

Black, Max: Die Metapher. In: Theorie der Metapher. Hg. von Anselm Haverkamp. 2., um ein N achwort zur N euausgabe und einen bibliographischen Nachtrag ergänzte Aufl. Darmstadt: Wissenschaftliche Buchgesellschaft 1996*b*. S. 55-79.

Böger, Inis: „Freitod" oder „Selbstmord"? In: Sprachpflege 35 (1986). S. 113-115.

Bondy, François: Jean Améry. In: Schweizer Monatshefte 59 (1979*a*). S. 24-27.

Bondy, François: Roman und Diskurs. Jean Amérys „Charles Bovary, Landarzt". In: Merkur 33 (1979*b*). S. 87-89.

Boussart, Monique: Jean A mérys Essay „Über das A ltern": Ein Dialog mit französischen Dichtern und Denkern. In: Über Jean A méry. Hg. von Irene Heidelberger-Leonard. Heidelberg: Carl Winter 1990 (Beiträge zur neueren Literaturgeschichte; Folge 3, Bd. 102). S. 79-90.

Brandenburg, Rainer: Z um Verhältnis von Subjekt und G eschichte im Werk Jean Amérys. In: Ü ber Jean A méry. Hg. von Irene Heidelberger-Leonard. Heidelberg: Carl Winter 1990*a* (Beiträge zur neueren L iteraturgeschichte; Folge 3, Bd. 102). S. 59-68.

Brandenburg, Rainer: Z wischen Morosität und Moral. Jean A méry im Spiegel der Kritik. In: Modern Austrian Literature 23 (1990*b*) H. 1. S. 69-84.

Broich, Ulrich/Manfred Pfister (Hg.) unter Mitarbeit von Ber nd Schulte-Middelich: Intertextualität. Formen, Funktionen, anglistische Fallstudien. Tübingen: Niemeyer 1985 (Konzepte der Sprach- und Literaturwissenschaft; Bd. 35).

Cioran, E[mile] M[ichel]: Die verfehlte Schöpfung. Frankfurt a. M.: Suhrkamp 1979 (Suhrkamp-Taschenbuch; Bd. 550).

Claussen, Detlev: Eine kritische Differenz. Zum Konflikt Jean Amérys mit Theodor W. Adorno und Max H orkheimer. In: J ean Améry (Hans Maier). Mit einem biographischen Bildessay und einer Bibliographie. Hg. von Stephan Steiner. Basel, Frankfurt a. M.: Stroemfeld 1996 (Nexus; Bd. 21). S. 197-207.

C[ornu], C[harles]: Virtuose Suada gegen die 'Pfaffia'. Die Entstehungsgeschichte eines Romans und die Leiden seines geplagten Autors. In: Der Bund, Bern, 5. 3. 1988.

Daiber, Hans: Claudia Storz taucht nach Hermann Burger. In: Die Welt, 28. 3. 1996.

Damblemont, Gerhard: Mehrsprachige Autoren zur Einmaligkeit ihrer Dichtungssprache. In: Das zweisprachige Individuum und die Mehrsprachigkeit in der Gesellschaft. Wilhelm Theodor Elwert zum 85. Geburtstag. Hg. von Günter Holtus und Johannes Kramer. Stuttgart: Steiner 1991. S. 45-64.

Dean, Martin R.: Das nomadische, das hypertrophe und das mythologische Ich. Begegnungen mit Paul Nizon, Hermann Burger und Guido Bachmann. In: Literatur in der Schweiz. Hg. von Heinz Ludwig Arnold. Text und Kritik. Sonderband. 1998. S. 144-156.

Eichmann-Leutenegger, Beatrice: Mit großer Wut gegen den Ungeist der Zeit. Hermann Burgers neue Erzählung „Der Schuß auf die Kanzel". In: Vaterland, Luzern, 19. 2. 1988.

Fetscher, Justus: Schreiben über Mord und Freitod. Hermann Burgers literarische Feldzüge gegen die Trivialität. In: Der Tagesspiegel, Berlin, 18. 9. 1988.

Fiero, Petra S.: Schreiben gegen Schweigen: Grenzerfahrungen in Jean Amérys autobiographischem Werk. Hildesheim, Zürich, New York: Olms 1997 (Haskala; Bd. 16).

Fricke, Harald: Aphorismus. Stuttgart: Metzler 1984 (Sammlung Metzler; Bd. 208).

Friedt, Hans-Dieter/Monika Kolvenbach: Selbstmord - Suizid - oder was sonst? Überlegungen zu einem Wortfeld. In: Sprachreport 1988 H. 2. S. 11-14.

Fröhlich, Hans J.: Die Welt des Glücklichen ist eine andere als die des Unglücklichen. Marginalien statt einer Rezension. In: Hermannstraße 14. Halbjahrsschrift für Literatur. Sonderheft Jean Améry. Hg. von Helmut Heißenbüttel und Bernd Jentzsch. Stuttgart: Klett-Cotta 1978. S. 32-36.

Glaser, Hermann: Die Freiheit zum Tode. In: Tribüne 15 (1976). S. 7271-7274.

Goertz, Heinrich: Antiklerikale Philippika. Berufung auf Kafka. In: Die Presse, Wien, 30./31. 7. 1988.

Großpietsch, Monika: Zwischen Arena und Totenacker. Kunst und Selbstverlust im Leben und Werk Hermann Burgers. Mainzer Diss. Würzburg: Königshausen und Neumann 1994 (Studien zur Literatur- und Kulturgeschichte; Bd. 6).

Hahn, Fritz: Gegeben ist der Tod, bitte finden sie die Lebensursache heraus. In: Selbstmord und Schriftstellerexistenz. Texte von 21 Autoren. Hg. von Margot Koller. Eisenstadt: Edition Roetzer 1990. S. 120-122.

Halter, Martin: Zu viele Bälle für den Rastelli der Sprache? Pasquill und Vexierbild, Farce und Leidensgeschichte: Hermann Burgers neue Erzählung „Der Schuß auf die Kanzel". In: Basler Zeitung, 25. 2. 1988.

Hart Nibbrig, Christiaan L.: Ästhetik der letzten Dinge. Frankfurt a. M.: Suhrkamp 1989.

Haverkamp, Anselm (Hg.): Theorie der Metapher. 2., um ein Nachwort zur Neuausgabe und einen bibliographischen Nachtrag ergänzte Aufl. Darmstadt: Wissenschaftliche Buchgesellschaft 1996.

Heidelberger-Leonard, Irene: Flaubert - Sartre - Améry. „Charles Bovary" als Antwort auf „Der Idiot der Familie"? In: Jean Améry. Hg. von Heinz Ludwig Arnold. Text und Kritik Heft 99 (Juli 1988*a*). S. 8-19.

Heidelberger-Leonard, Irene: „Die Forderung, den Ring zu schließen". Jean Améry - eine Retrospektive. In: Merkur 42 (1988*b*). S. 668-677.

Heidelberger-Leonard, Irene: Das Problem der Neinsage, ihrer Herkunft und Zukunft. „Die Schiffbrüchigen" als Vorübung zu „Lefeu oder Der Abbruch". In: Jean Améry. Hg. von Heinz Ludwig Arnold. Text und Kritik Heft 99 (Juli 1988*c*). S. 33-39.

Heidelberger-Leonard, Irene: Schein und Sein in „Efraim". Eine Auseinandersetzung von Alfred Andersch mit Jean Améry. In: Études germaniques 36 (1981). S. 188-197.

Heidelberger-Leonard, Irene (Hg.): Über Jean Améry. Heidelberg: Carl Winter 1990*a* (Beiträge zur neueren Literaturgeschichte; Folge 3, Bd. 102).

Heidelberger-Leonard, Irene: Wie der Österreicher Hans Maier zum französischen Aufklärer Jean Améry wurde. In: Literatur in der Gesellschaft. Festschrift für Theo Buck zum 60. Geburtstag. Hg. von Frank-Rutger Hausmann. Tübingen: Narr 1990*b*. S. 259-267.

Heidelberger-Leonard: Zur Dramaturgie einer ästhetischen Existenz. Brüche und Kontinuitäten. In: Jean Améry (Hans Maier). Mit einem biographischen Bildessay und einer Bibliographie. Hg. von Stephan Steiner. Basel, Frankfurt a. M.: Stroemfeld 1996 (Nexus; Bd. 21). S. 235-247.

Heißenbüttel, Helmut/Bernd Jentzsch (Hg.): Hermannstraße 14. Halbjahrsschrift für Literatur. Sonderheft Jean Améry. Stuttgart: Klett-Cotta 1978.

Heißenbüttel, Helmut: Ich ziehe meine Klage zurück. Rede über Jean Améry. In: Jean Améry. Hg. von Heinz Ludwig Arnold. Text und Kritik Heft 99 (Juli 1988). S. 3-7.

Hermann, Ingo (Hg.): Jean Améry, der Grenzgänger. Gespräch mit Ingo Hermann in der Reihe „Zeugen des Jahrhunderts". Göttingen: Lamuv 1992.

Höbel, Wolfgang: In Dr. Tinkers Himmelreich. In: Der Spiegel 29 (1999). S. 171.

Hoff, Gregor Maria: Auf Tod und Leben. Die poetische Thanatologie Hermann Burgers. In: Die Genese literarischer Texte. Modelle und Analysen. Hg. von Axel Gellhaus zusammen mit Winfried Eckel, Diethelm Kaiser u. a. Würzburg: Königshausen und Neumann 1994. S. 255-273.

Horstmann, Ulrich: Selbstmord als Entfesselungskunst. Hermann Burgers „Tractatus logico-suicidalis". In: Frankfurter Rundschau, 15. 10. 1988.

Isele, Klaus (Hg.): Salü, Hermann. In memoriam Hermann Burger. Eggingen: Edition Isele [1991].

Kellner, Rudolf: Jederzeit sterben. Hermann Burgers „Tractatus logico-suicidalis". In: Stuttgarter Zeitung, 8. 10. 1988.

Kesting, Hanjo: Der Tod des Geistes als Person. Leben und Werk des Jean Améry. In: Ders.: Dichter ohne Vaterland. Gespräche und Aufsätze zur Literatur. Berlin, Bonn: J. H. W. Dietz Nachf. 1982. S. 171-187.

Kimmich, Dorothee/Rolf Günter Renner/Bernd Stiegler (Hg.): Texte zur Literaturtheorie der Gegenwart. Hg. und kommentiert von Dorothee Kimmich, Rolf Günter Renner und Bernd Stiegler. Stuttgart: Reclam 1996 (Universal-Bibliothek; Nr. 9414).

Kirchenmaier, B[eate]: Ein deutscher Autor? Beate Kirchenmaier sprach mit Jean Amérys Witwe und Irene Heidelberger-Leonard, die sich um die Edition seiner Werke kümmert. In: die tageszeitung, 18. 10. 1988.

Kobel, Erwin: Diabelli, Prestidigitateur. Hermann Burgers Variationen über ein Thema von Hofmannsthal. In: Poetry Poetics Translation. Festschrift in honor of Richard Exner. Hg. von Ursula Mahlendorf und Laurence Rickels. Würzburg: Königshausen und Neumann 1994. S. 53-65.

Koller, Margot (Hg.): Selbstmord und Schriftstellerexistenz. Texte von 21 Autoren. Eisenstadt: Edition Roetzer 1990.

Kolp, Franziska: Schwerpunkt: Hermann Burger. Stand der Arbeiten am Nachlass Hermann Burger. In: CH-Lit. Mitteilungen zur deutschsprachigen Literatur der Schweiz. Schweizerisches Literaturarchiv. N° 2 November 1998 [unpaginiert].

Krüger, Horst: Allein in der Sprache zu Hause. Ein Nachwort auf Jean Améry. In: Merkur 32 (1978). S. 1283-1287.

Krüger, Horst: Der Radioessay. Versuch einer Bestimmung. In: Neue Deutsche Hefte 101 (September/Oktober 1964). S. 97-110.

Krüger, Horst: Das Recht, nein zu sagen. Jean Amérys 'Diskurs über den Freitod'. In: Neue Rundschau 87 (1976). S. 663-667.

Kubczak, Hartmut: Metaphern und Metonymien als sprachwissenschaftliche Untersuchungsgegenstände. In: Zeitschrift für deutsche Philologie 105 (1986). S. 83-99.

Kuebler-Ross, Elisabeth: Menschlich sterben. In: Grenzerfahrung Tod. Im Auftrag des Direktoriums der Salzburger Hochschulwochen hg. von Ansgar Paus. Frankfurt a. M.: Suhrkamp 1978 (Suhrkamp Taschenbuch; Bd. 430). S. 339-347.

Kunert, Günter: Hand an sich legen. Überlegungen zu einem Buch von Jean Améry. In: Ders.: Diesseits des Erinnerns. Aufsätze. München, Wien: Hanser 1982. S. 111-118.

Kunert, Günter: Über die Unfähigkeit zu altern. In: Jean Améry. Hg. von Heinz Ludwig Arnold. Text und Kritik Heft 99 (Juli 1988). S. 40-43.

Kurz, Gerhard: Metapher, Allegorie, Symbol. Göttingen: Vandenhoeck und Ruprecht 1982 (Kleine Vandenhoeck-Reihe; Nr. 1486).

Lembach, Claudia: Selbstmord Freitod Suizid. Diskurse über das UnSägliche. Münchner Diss. München: Akademie 1997.

Levinson, Stephen C.: Pragmatik. Ins Deutsche übers. von Ursula Fries. 2., unveränderte Aufl. Tübingen: Max Niemeyer 1994 (Konzepte der Sprach- und Literaturwissenschaft; Bd. 39).

Lohmann, Hans-Martin: Geisterfahrer. Blanqui, Marx, Adorno & Co. 22 Portraits der europäischen Linken. Hamburg: Junius 1989 (Sammlung Junius; Bd. 12) [bzgl. Jean Améry S. 149-162].

Lorenz, Dagmar: Scheitern als Ereignis. Der Autor Jean Améry im Kontext europäischer Kulturkritik. Frankfurter Diss. Frankfurt a. M., Bern, New York, Paris: Lang 1991 (Europäische Hochschulschriften: Reihe 1, Deutsche Sprache und Literatur; Bd. 1234).

Lütkehaus, Ludger: Ein Linné im Reich des Suizids. „Tractatus Logico-Suicidalis" (sic) nennt Hermann Burger seine Abhandlung über die Selbsttötung. In: Basler Zeitung, 10. 6. 1988.

Macho, Thomas H.: Todesmetaphern. Zur Logik der Grenzerfahrung. Frankfurt a. M.: Suhrkamp 1987 (Edition Suhrkamp; Bd. 1419, Neue Folge Bd. 419).

Matt, Beatrice von: Abrechnung im Winkel. Hermann Burger: „Der Schuß auf die Kanzel". In: Neue Zürcher Zeitung, 12. 2. 1988.

Matt, Beatrice von: Der Lachphilosoph. Zum zehnten Todestag von Hermann Burger am 28. Februar. In: Neue Zürcher Zeitung, 27. 2. 1999.

Mielczarek, Zygmunt: Wahn, Wirklichkeit und Sprache im Werk Hermann Burgers. In: Im Dialog mit der interkulturellen Germanistik. Hg. von Hans-Christoph Graf v. Nayhauss und Krzysztof A. Kuczynski. Wroclaw: Wydawnictwo Uniwersytetu Wroclawskiego 1993 (Acta Universitatis Wratislaviensis; Nr. 1497). S. 413-420.

Minois, Georges: Geschichte des Selbstmords. Aus dem Französischen von Eva Moldenhauer. Düsseldorf, Zürich: Artemis und Winkler 1996.

Muschg, Adolf: Literatur als Therapie? Ein Exkurs über das Heilsame und das Unheilbare. Frankfurter Vorlesungen. Frankfurt a. M.: Suhrkamp 1981 (Edition Suhrkamp; Bd. 1065, Neue Folge Bd. 65).

Nölle, Volker: „Die rissige Haut der Form." Intertextualität und das ' Schehrezad'-Axiom in Hermann Burgers Roman Brenner I und II. In: Poetica 26 (1994). S. 180-204.

Nünning, Ansgar (Hg.): Metzler-Lexikon Literatur- und Kulturtheorie. Ansätze - Personen - Grundbegriffe. Stuttgart, Weimar: Metzler 1998.

Obermüller, Klara: Rede des Autors vom Romangebäude herab. Einmalige Begründung eines einmaligen Suizids - zwei neue Bücher von Hermann Burger. In: Die Weltwoche, 10. 3. 1988.

Paeschke, Hans: Interruption - von und für Jean Améry (1912-1978). In: Merkur 32 (1978). S. 1103-1105.

Paschek, Carl: Hermann Burger. Begleitheft zur Ausstellung der Stadt- und Universitätsbibliothek Frankfurt a. M. 8. Januar - 22. Februar 1986. Hg. von der Stadt- und Universitätsbibliothek Frankfurt a. M. Januar 1986.

Paus, Ansgar (Hg.): Grenzerfahrung Tod. Im Auftrag des Direktoriums der Salzburger Hochschulwochen hg. von Ansgar Paus. Frankfurt a. M.: Suhrkamp 1978 (Suhrkamp Taschenbuch; Bd. 430).

Pfäfflin, Friedrich: Unterwegs nach Oudenaarde. Anmerkungen über den Schriftsteller Jean Améry. In: Jean Améry. Unterwegs nach Oudenaarde. Bearbeitet von Friedrich Pfäfflin (... für die Ausstellung vom Oktober 1982 bis Januar 1983 im

Schiller-Nationalmuseum. Mit einem Verzeichnis der ausgestellten Stücke als Beilage.). Hg. von Bernhard Zeller. Marbach: Deutsche Schillergesellschaft 1982 (Marbacher Magazin; Bd. 24). S. 6-15.

Piel, Edgar: Jean Améry: Hand an sich legen. Diskurs über den Freitod. In: Neue deutsche Hefte 24 (1977). S. 180-184.

Pohlmeier, Hermann: Wann wird Selbstmordverhütung notwendig? In: Selbstmordverhütung. Anmaßung oder Verpflichtung. Mit Beiträgen von Jean Améry, Gabriele Wohmann u. a. Hg. von Hermann Pohlmeier. 2., erweiterte und verbesserte Aufl. Düsseldorf, Bonn: Parerga 1994 (Schriften der Deutschen Gesellschaft für Humanes Sterben e. V.; Bd. 1). S. 29-52.

Pulver, Elsbeth: Ein halblinker Kulturkonservativer. Versuch über Jean Améry. In: Schweizer Monatshefte 52 (1972/73). S. 332-341.

Pulver, Elsbeth: Hermann Burger (Stichwort). In: Kritisches Lexikon zur deutschsprachigen Gegenwartsliteratur (KLG). Hg. von Heinz Ludwig Arnold. München: Edition Text und Kritik 1978ff.*a* Stand: 1. 8. 1994 (48. Nlg.). S. 1-21.

Pulver, Elsbeth: Jean Améry (Stichwort). In: Kritisches Lexikon zur deutschsprachigen Gegenwartsliteratur (KLG). Hg. von Heinz Ludwig Arnold. München: Edition Text und Kritik 1978ff.*b* Stand: 1. 1. 1991 (37. Nlg.). S. 1-8.

Reinisch, Leonhard: Der Tod war ein Tabu. Bemerkungen zu Büchern von Philippe Ariès, Jean Améry und Günter Steffens. In: Merkur 31 (1977). S. 86-91.

Reschika, Richard: E. M. Cioran zur Einführung. Hamburg: Junius 1995 (Zur Einführung; Bd. 106).

Ringel, Erwin: Suizid und Euthanasie. In: Grenzerfahrung Tod. Im Auftrag des Direktoriums der Salzburger Hochschulwochen hg. von Ansgar Paus. Frankfurt a. M.: Suhrkamp 1978 (Suhrkamp Taschenbuch; Bd. 430). S. 241-282.

Roviello, Anne-Marie: Jean Améry: An den Grenzen des Geistes. In: Über Jean Améry. Hg. von Irene Heidelberger-Leonard. Heidelberg: Carl Winter 1990 (Beiträge zur neueren Literaturgeschichte; Folge 3, Bd. 102). S. 49-58.

Schärf, Christian: Geschichte des Essays: von Montaigne bis Adorno. Göttingen: Vandenhoeck und Ruprecht 1999.

Schirrmacher, Frank: Der erpreßte Leser. Hermann Burgers Traktat über den Selbstmord und eine Erzählung. In: Frankfurter Allgemeine Zeitung, 30. 4. 1988.

Schoeller, Wilfried F.: Artistenprobe auf den Ernstfall. Hermann Burgers Versuch, den Tod zu Grabe zu tragen. In: Süddeutsche Zeitung, 2. 11. 1988.

Schön, Christian: Hermann Burger: Schreiben als Therapie. Eine Studie zu Leben und Werk. Stuttgart: Ibidem-Verlag 1997.

Schulte, Günter: Philosophie der letzten Dinge: über Liebe und Tod als Grund und Abgrund des Denkens. München: Diederichs 1997.

Schultz-Gerstein, Christian: Der Doppelkopf. Nach einem Gespräch mit Jean Améry. Jossa: März [bei Zweitausendeins]. 1979 [insb. das 'Interview' mit Jean Améry, S. 21-68].

Schwendter, Rolf: Der Suizid und die Ambivalenz der Freiheit. Anmerkungen zu Albert Camus und Jean Améry. In: Selbstmord und Schriftstellerexistenz. Texte

von 21 Autoren. Hg. von Margot Koller. Eisenstadt: Edition Roetzer 1990. S. 166-175.
Searle, John R.: Metapher. In: Ders.: Ausdruck und Bedeutung: Untersuchungen zur Sprechakttheorie. Übers. von Andreas Kemmerling. 2. Aufl. Frankfurt a. M.: Suhrkamp 1990 (Suhrkamp-Taschenbuch Wissenschaft; Bd. 349). S. 98-138.
Sebald, W[infried] G[eorg]: Mit den Augen des Nachtvogels. Über Jean Améry. In: Études germaniques 43 (1988). S. 313-327.
Seibert, Thomas: Existenzphilosophie. Stuttgart, Weimar: Metzler 1997 (Sammlung Metzler; Bd. 303).
Siblewski, Klaus: Wortreiche Attacken. Hermann Burger gegen geldgeile Pfarrer: „Schuß auf die Kanzel". In: Frankfurter Rundschau, 11. 10. 1988.
Skwara, Erich Wolfgang: Eine Wirklichkeit des Sirenengesangs. Notizen eines Unbetroffenen zu Jean Améry. In: Literatur und Kritik 25 (1990). S. 425-433.
Steiner, Stephan (Hg.): Jean Améry (Hans Maier). Mit einem biographischen Bildessay und einer Bibliographie. Basel, Frankfurt a. M.: Stroemfeld 1996 (Nexus; Bd. 21).
Steinert, Hajo: Das Schreiben über den Tod. Von Thomas Bernhards „Verstörung" zur Erzählprosa der siebziger Jahre. Frankfurt a. M., Bern, New York: Peter Lang 1984 (Forschungen zur Literatur- und Kulturgeschichte; Bd. 4).
Stocker, Peter: Hermann Burgers „échec ultime"? Nachtrag zu „Brunsleben" (1989). In: Schweizer Monatshefte 72 (1992). S. 151-157.
Storz, Claudia: Burgers Kindheiten. Eine Annäherung an Hermann Burger. Zürich: Nagel und Kimche 1996.
Süss, Peter: Autobiographische Essayistik bei Jean Améry. In: Germanistische Mitteilungen 32 (1990). S. 3-14.
Süss, Peter: Jean Amérys essayistischer Erzählstil. In: Études germaniques 47 (1992). S. 315-338.
Tunner, Erika: Die 'ambiguïté' des Alterns. In: Jean Améry (Hans Maier). Mit einem biographischen Bildessay und einer Bibliographie. Hg. von Stephan Steiner. Basel, Frankfurt a. M.: Stroemfeld 1996 (Nexus; Bd. 21). S. 249-261.
Weiland, René: Die Sprache der Verspätung. Jean Améry und die essayistische Erfahrung. In: Neue Rundschau 99 (1988) H. 4. S. 113-126.
White, John J.: Hermann Burger: ' Die allmähliche Verfertigung des Todes beim Schreiben'. In: Rejection and Emancipation. Writing in German-speaking Switzerland 1945-1991. Edited by Michael Butler and Malcolm Pender. New York, Oxford: Berg 1991. S. 184-201.
Wittgenstein, Ludwig: Tractatus logico-philosophicus. Logisch-philosophische Abhandlung. Frankfurt a. M.: Suhrkamp 1963 (Edition Suhrkamp; Bd. 12).
Wittwer, Erika: Alte Bücher werden neue Bücher. Über Hermann Burger und seine beiden neuen Werke „Der Schuß auf die Kanzel" und „Über die Selbsttötung" (sic). In: Tages-Anzeiger, Zürich, 13. 4. 1988.
Wünsche, Marie-Luise: „Grus". Das artistische Schreibverfahren Hermann Burgers. Bonner Diss. 1998 [bislang nicht veröffentlicht, in der vorliegenden Arbeit noch nicht berücksichtigt].

Zeller, Bernhard (Hg.): Jean Améry. Unterwegs nach Ouden aarde. Bearbeitet von Friedrich Pfäfflin (... für die Ausstellung vom Oktober 1982 bis Januar 1983 im Schiller-Nationalmuseum. Mit einem Verzeichnis der ausgestellten Stücke als Beilage.). Marbach: Deutsche Schillergesellschaft 1982 (Marbacher Magazin; Bd. 24).

Zeltner, Gerda: Fragmente zu einer Selbstmord-Poetik. Hermann Burger: „Tractatus logico-suicidalis". In: Neue Zürcher Zeitung, 25. 3. 1988*a*.

Zeltner, Gerda: Schreibend absolut recht haben. Zu Hermann Burger: „Der Schuß auf die Kanzel". In: Schweizer Monatshefte 68 (1988*b*) H. 4. S. 352-354.

Dank

Prof. Dr. Günter Häntzschel, München; Prof. Dr. Irene Heidelberger-Leonard, Brüssel; Dr. Franziska Kolp, Bern; Dr. Hedwig Kraus, München; Prof. Dr. Werner Schneider, München; Christian Schön, Hannover; Dr. Marie-Luise Wünsche, Bonn; Katarina Yngborn, München.

***ibidem*-**Verlag
Melchiorstr. 15
D-70439 Stuttgart

info@ibidem-verlag.de

www.ibidem-verlag.de
www.edition-noema.de
www.autorenbetreuung.de

www.ingramcontent.com/pod-product-compliance
Lightning Source LLC
Chambersburg PA
CBHW070644300426
44111CB00013B/2260